西安楼观 中国道文化展示区

"大道楼观"系列丛书

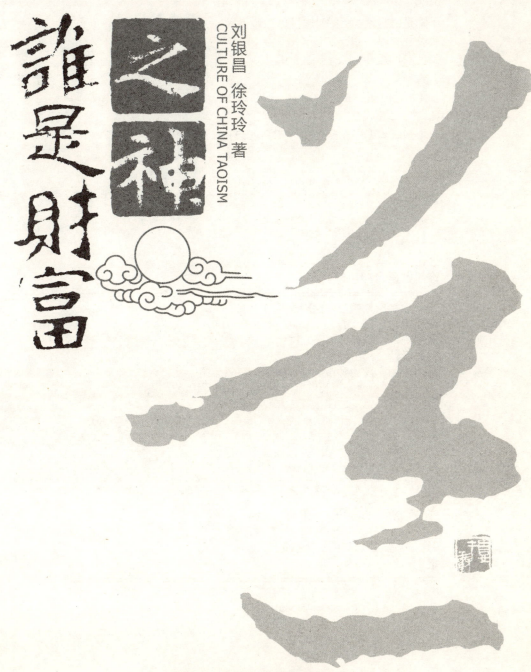

之神

CULTURE OF CHINA TAOISM

刘银昌 徐玲玲 著

谁是财富

陕西师范大学出版总社有限公司

西安曲江出版传媒股份有限公司

图书代号：SK11N0697

图书在版编目（CIP）数据

谁是财富之神 / 刘银昌，徐玲玲著. —— 西安 ：陕西师范大学
出版总社有限公司，2011.7
ISBN 978-7-5613-5650-0

Ⅰ．①谁… Ⅱ．①刘… ②徐… Ⅲ．①历史人物－生平事迹－
中国 Ⅳ．①K820

中国版本图书馆CIP数据核字(2011)第134009号

谁是财富之神

作　　者	刘银昌　徐玲玲	
责任编辑	焦欣波	
文字统筹	张爱林　王玉民	
封面设计	黑子设计	
出　　版	陕西师范大学出版总社有限公司	
	（西安市长安南路199号　邮编 710062）	
发　　行	西安曲江出版传媒股份有限公司	
	（西安市雁塔南路300－9号曲江文化大厦C座 邮编 710061）	
网　　址	http://www.snupg.com　http://www.xaqjpm.com	
印　　刷	陕西金和印务有限公司	
开　　本	710mm×1020mm　1/16	
印　　张	15.5	
字　　数	175千	
版　　次	2011 年 7 月 第 1 版	
印　　次	2011 年 7 月 第 1 次印刷	
书　　号	ISBN 978-7-5613-5650-0	
定　　价	39.00	

读者购书、书店添货或发现印刷装订问题，请与本公司营销部联系、调换。
电　　话：(029) 85458066　85458068 (传真)

目录
contents

目录 contents

引言

君子爱财 取之有道

——财神信仰探源

　　华夏文明有别于他种文明一个很有特色的地方，就是在宗教崇拜中，没有一个很明确的一神教信仰。中国土生土长的道教与外来迁移户佛教都奉行多神信仰，但道教和佛教都有主要神祇，用现在的话说，神与神之间，也有其严格的等级划分和层级统领关系。留心一下，我们不难发现，神界其实是人类社会生活的映射。大千世界，尘世种种，人心所欲者，必会臆想、附会、创造出一个相应的神灵来主管。这也是英国著名古典人类学家泰勒的"万物有灵"理论："万物有灵的理论分解为两个主要的信条，它们构成一个完整学说的各部分。其中的一条，包括着各个生物的灵魂，这灵魂在肉体死亡或消亡之后能够继续存在。另一条则包括着各个精灵本身，上升到威力强大的诸神系列。"自然界中大到日月星辰、山川河流，小到一花一木、蛇虫虎豹，人类社会政治、经济、军事，或再细到衣食住行，甚至是茅房马厩，神灵无处不在，无所不管。在这种泛神信仰的思想下，中国的财神并非只是一"人"，而是一个群体，是由各不相同的神灵集合而成的团队，也就不难理解了。

财神始于道教敕封，盛行于民间，是民间信仰的诸神体系中成型最晚的神灵。虽然有不少财神诞生的年代较为久远，但真正确立其财神地位却大多是在元末明初。如正财神赵公明，最早出现于东晋干宝《搜神记》，但那时以瘟鬼、瘟神之类的形象出现。直到明代，历经千年，赵公明的神格才完成了从瘟鬼、鬼帅、瘟神到财神的转变。值得一提的是，文财神比干的神格演变与赵公明有相通之处，那就是中国文学史上首屈一指的明代许仲琳长篇神魔小说《封神演义》[①]，确立了他们的财神神职。

从人类文明史来看，无论是哪一个民族的学者或是艺术创作者，神话故事和神话人物一直是

正财神赵公明

①因为财神本来就是民间创造的，而民间盛行的话本、戏曲脚本、唱词评书等，更是人们创造神祇的依据。故而在本书中，成书于明代的神魔志怪长篇小说《封神演义》，将作为一个重要的引证依据。关公从人到神的地位变迁，明代罗贯中的长篇小说《三国演义》就起了最大的推动作用。

其青睐的对象，也是其作品灵感的活水源头，如西方的奥林匹斯山众神传说、耶稣门徒故事，东方的诸佛、菩萨本生故事，一直是文学创作、绘画雕塑、戏剧话本所津津乐道的题材。同样，财神团队也是一个故事集群，其详细的渊源已不可考，最古老的财神文化可以上溯到北宋时期。基于民间财神信仰的普遍性和热切度，说财神是人们所供奉的最受欢迎的善神，相信大家都不会反对。

如来佛祖

每逢春节，家家户户贴财神画像，供奉香烛牺牲，祈求财神保佑新的一年财源滚滚，大吉大利。这一民俗早已伴随散布在世界各地的华人走向了全球，就连美国极具盛名的赌城拉斯维加斯，也在其华丽的大厅内设置了一座金光灿灿的财神像。可见，历经一千多年，财神已经冲出亚洲走向世界。或许，未来的某一天，财神团队里也会迎来一位高鼻深目蓝眼睛的欧洲人呢。

财神信仰的出现，在历史上有几个重要的节点。宋代商品经济较前代有了一个飞跃性的发展，应时而生的是专司财礼之神的利市仙官；元代则出现了利市婆官的奶奶神；明代赵公明职司招财进宝的正财神地位确立，并成为五路财神之首，号封"金龙如意正一龙虎玄坛真君"，故后人又以"黑虎玄坛"指代财神，其旗下统领着招宝天尊萧升、纳珍天尊曹宝、招财使者陈九公、利市仙官姚少司。这套班底

3

是专司金银财宝的，赵公明为主财大神。从此以后，赵公明的正财神地位愈加巩固。

赵公明的历史，我们可以追溯到先秦时期。据清代《周至县志》记载："财神赵公明，赵大村人，村中有赵公明墓。"赵大村便在今天西安市周至县田峪河东畔的赵代村。据说赵公明出生、羽化都是在这里，他生前曾官居大夫一职，该村才由此得名。据历史文献记载，明万历九年（1581年）、清光绪戊子年（1888年），曾先后对赵公明庙进行修葺，其建筑风格也因此保留了明清时代的特色。集贤镇赵代村和周边村庄形成了典型的财神赵公明崇拜祭祀风俗。每年农历三月十五日据传为赵公明诞辰日，村中举办财神庙会三天；六月初六日是财神赵公明的忌日，要举办纪念活动。会前由村中长者组成庙会筹办组织，安排执事各负其责，筹措款项，下帖请客，请戏搭台，安排祭祀礼仪、仪仗鼓乐、摊位划分、客商管理、治安维护等事宜。会中三天四夜唱大戏。有大的祭拜赵公元帅仪式，附近四乡数万人纷至沓来。正会之日拜谒进香，由古代传承下来的社组成的进香队伍络绎不绝。除了赵代村的十几户赵公明嫡系后代，终南镇毓兴村，楼观镇三家庄、界尚村和金盆村等近200户赵姓族人，也组队祭拜远祖赵公明。仪式有鸣乐、响炮、上贡、敬香、磕头、作揖、诵经等项。整个场面庄重严整，凝神肃穆，令人肃然起敬。

人类趋利避害的本能是财神信仰兴盛的前提，但人毕竟不同于动物，人的社会性和自我道德约束是其成为万物之灵的保证。中国历来奉行重义轻财的思想，统领着精神领域的士大夫阶层，素以君子修养约束规范自己的行为，并以此作为考核他人的标准。如《论语·里仁》中，孔子曰："君子喻于义，小人喻于利。"君子是看重道义的，而小人行事却是以利益为衡量准绳。公元前134年，汉武帝采纳董仲舒的建议"罢黜百家，独尊儒术"，儒学成为正统学说。以后很长一段时间，知识分子几乎耻于谈论名利、金银。晋代玄学清谈风气盛行时，《世说新语》中记载：西晋的王衍是"品行高尚"的清谈人士，据说他从不提到"钱"字。他老婆想试探他的虚实，趁他熟睡之时，叫仆人绕着床边铺上一大圈钱。王衍早晨醒来看见床边的钱妨碍他行动，便叫来仆人说"举却阿堵物"，意思是赶紧把这个东西拿开。已经不屑于说"钱"这个字了。这些人是否真的能做到"视金钱如粪土"，我们不再详细考证。我们知道魏晋一代，是中国历史上世家门阀制度发展的鼎盛时期，财富为社会阶级金字塔的塔尖少数人物所把持着，石崇王恺斗富，王谢世家富可敌国，君主的权力几乎被架空。由此得知，财富并非真的如他们所说那样不值一提了。

与这些过于偏激的名士清流不同，被鲁迅先生赞誉为"史家之绝唱，无韵之离骚"的《史记》作者司马迁，对财富有过最为中肯的评价。《史记·货殖列传》有云："礼生于有而废于无。故君子富，好行其德；小人富，以适其力。渊深而鱼生之，山深而兽往之，人富而仁义附焉。富者得势益彰，失势则客无所之，以而不乐。夷狄益甚。谚曰：'千金之子，不死于市。'此非空言也。故曰：'天下熙熙，皆为利来；天下攘攘，皆为利往。'夫千乘之王，万家之侯，百室之君，尚犹患贫，而况匹夫编户之民乎！"财富聚集在君子手中和聚集在小人手中，所产生的效应是不一样的。可见，财富只是一种手段，一种获得能力的媒介。君子并非不能求财、聚财，而在于有道——君子爱财，取之有道。能支配的财富越多，则影响社会的能力越大。芸芸众生，若只为衣食温饱计，还上升不到财富这一层面。若是想有一番作为，没有一样不需要财帛金银的支持。当今世界，我们所处的是一个商品经济高度繁荣的时期，也是个人自我价值觉醒和迫切期待被认可的时代，"有所为"的诉求也就变得越来越普遍。因此，我们探讨财神信仰这一文化崇拜的深层含义是有其积极价值的。

事物发展是多种因素相互作用的结果，层层相因，环环相扣，所以同一件事，不同的人去做，可能出现不同的结果。就如同经济活动中，人们创业求财，有的人赚得盆满钵满，有的人血本无归。同样付出了艰辛的劳动，为什么得到的结果却大相径庭？究其原因，其中的某个环节，或当事人在某个时间点所做出的决定，抑或是外界环境的变化，都可能成为决定成败的关键点。当今还算好一些，至少经济学、管理学已经上升到学术研究的层面，可以给人们以正确的指导，从而使人们总结经验、趋利避害。但在我们的先祖看来，成败不由人，非人力可控的因素太多，正如俗语所说："谋事在人成事在天"、"成事七分在人，三分靠天"。人们出于认知的局限性和自我安慰的需要，创造出了专管人世间求财、聚财、招财的财神爷形象。

与民间求财的习俗相对的还有一种"送穷"的习俗。唐《四时宝鉴》云："高阳氏子，好衣弊食糜，正月晦日巷死。世作糜，弃破衣，是日祝于巷，曰除贫也。" 意即号高阳氏的颛顼帝有一个儿子，生得羸弱瘦小，好穿破衣烂衫，吃稀粥米糊，人们就算给他新衣服，他也要扯破或用火烧些洞才肯穿，因此人们称他为"穷鬼"。唐代诗人姚合《晦日送穷三首》诗云："年年到此日，沥酒拜街中。万户千门看，无人不送穷。"从诗的后两句可知送穷风俗在唐时已相当普遍。这一习俗的形成，正是人民大众对于财富的期盼和渴望的体现。年节到来，辞旧迎新，期望送走往日的艰辛、困苦和贫穷，迎来幸福美好的生活，迎来财源滚滚的好日子。正如司马迁所说："夫千乘之王，万家之侯，百室之君，尚犹患贫，而况匹夫编户之民乎！"

君子爱财，取之有道。这一求财准则，还暗含着人们对存在于社会现实中各种利益群体的求财方式和利益分配的规范。与此相对应的是财神信仰中的多神共存。仔细比较，我们不难发现，几位主要财神都被人们塑造成了某种道德原则的化身，如比干和赵公明代表了正义和公平，关公则代表了忠义，范蠡成了财富智慧的象征。也有一些历史上臭名昭著的奸臣却在若干地区被奉为财神，如西晋的佞臣石崇、北宋奸臣蔡京、明朝权相严嵩，也被奉上神龛，香火供奉。这些偏财神之流，我们暂且将其归于民众权钱崇拜过盛的一种执著吧。

财神既是银钱业的祖师神，当然也就顺理成章地成了

民间送穷风俗

正月初民间迎财神

以营利为目的的各行业的共同保护神。但各利益群体之间的差异导致了利益的冲突和诉求的不一致。在这种情形下，多财神的出现就成了弥合和消解各群体利益冲突的权宜之计。如奉范蠡为财神的，盛行于江浙一带；奉管仲为财神的，盛行于安徽一带；奉白圭为财神的，盛行于山西一带。

无论信奉的是哪位财神，人们求财、聚财的希求和渴盼都是一致的。在接下来的章节里，本书力求生动有趣地还原诸位财神神格演变和神职确立的趣闻轶事，探讨民俗文化中各地财神信仰崇拜的独特风俗以及带给人们的价值意义。此外，因几位财神其本身就具有财富创造、财富积累的成功范例，我们结合现代商业经济分析法、科学管理运作法对其进行深入发掘和重新解读，希望给大家带来不一样的阅读乐趣。

壹

正财神赵公明

财神赵公元帅

　　财神信仰由来已久，中国民间供奉的财神有赵公明、比干、范蠡、关公、刘海蟾、五路神及利市仙官等。一职多神现象，是在漫长的历史长河中因着人们各种各样的美好祈望演化而来，故而众财神相互之间并不冲突。信徒们也本着"祈福求财，多多益善"的原则，乐意多拜几位。多位财神崇拜的现象充分体现了中华文化的和谐包容。

追溯财神的起源是一件庞大的学术工程，甚难考证明晰。其名号始于道教敕封，香火供奉盛于民间。诸位财神之中，与道教渊源最为深厚的莫过于号封"玄坛元帅"的赵公明。"玄坛"是指道教的斋坛，有护法之意。如今道教宫观中的正财神神像，大多为黑面浓须、骑黑虎、一手执银鞭、一手持元宝、全副戎装的赵公明像。元明时无名氏《三教源流搜神大全》卷三"赵元帅"云："赵公明，终南山人，头戴铁冠，手执铁鞭，面如黑炭，胡须四张。跨黑虎，授正一玄坛元帅。能驱雷役电，唤雨呼风，除瘟剪疟，祛病禳灾。如遇讼冤伸抑，能解释公平，买卖求财，宜利合和，无不如意。"这是确立其司掌"买卖求财"财神职责的最早记载。

在民间，赵公明故事流传最广的要数明代问世小说的《封神演义》里的"太公封神"。姜子牙封赵公明为"金龙如意正一龙虎玄坛真君"，简称"玄坛真君"，统帅"招宝天尊萧升"、"纳珍天尊曹宝"、"招财使者邓九公"、"利市仙官姚少司"四位神仙，专司迎祥纳福、商贾买卖。从此，赵公明作为正位财神，拥有了完善的组织架构和骨干人员。四百多年来，这一正财神的地位愈加巩固牢靠，以致今天人们一提到财神，第一印象就是这位黑面浓须的赵公元帅。

著名历史学家唐德刚先生说："财神爷赵公明乃家喻户晓之神，逢年农历正月初五及七月二十二①全世界约有四分之一之人要祭祀财神爷。"从信众人数上来说，赵公明之正财神位当之无愧。

近现代，学者们曾试着从学术的角度来论证注解赵公明的图腾造型所蕴含的深刻含义，并由此更进一步证明他作为"正财神"地位。从艺术手法来看，赵公明的图腾造型采用了神话形象夸张与真实历史人物写实二者相结合的艺术手法。也正因如此，赵公明的图腾形象，历来为学者所津津乐道，争论不休。目前最有影响力的当属"五行论"和"财富论"。

----

①即民间所谓的财神节，七月二十二日也有说是财帛星君的生日，祭拜财神的日子，不一定特指正财神赵公明的生日。

五行，又可称为阴阳五行，阴阳与五行原来是独立的两个不同系统。早在战国时期，就已经有了五行相生说：木生火，火生土，土生金，金生水，水生木。后来阴阳五行学派代表人物邹衍把相生说改为"相胜说"，把主要用于解释自然现象的五行，发展成系统地用以解释社会现象的学说。从此，五行学说利用五行相生相克的朴素辩证原理，大到宏观揭示自然变化和社会变化的规律，小到解释个人际遇、生老病死等具体问题，成为华夏先民认识世界和自我的工具而深入人心。据学者们考证，赵公明神像中蕴含着五行，代表了宇宙间万物。根据"财富"广义释义，我们也可以说赵公明神像代表了宇宙间的财富。

五行相生相克示意图

细观赵公明神像，法像头顶上部祥云缭绕，代表天；脚下金珠宝藏，代表地；正中赵公明威严端坐于前，代表人。全图意为天、地、人三才齐聚。五行金、木、水、火、土则是通过不同的载体来体现：金银元宝代表金，虎啸于林代表木，祥云雾霭代表水，盘龙飞舞代表火，大地高山代表土。综观全局，赵公明的图腾在千古流传中，元素不断地被丰富和充实，五行聚像的深层含义，是寓指其掌管着宇宙间所有财富，护佑天下万民，生活安康。

专家学者们也试着从财富原理的角度，阐释赵公明神像的玄机。从财富积累的条件和必要因素来看，首先是要具备天时、地利、人和三要素，即赵公明的图腾造型整体所寓意的"天、地、人"三要素，给人以平和、平静的印象，予人以启示：财富并不神秘，只需有一颗平常心去对待，大富靠德，小富靠勤。明代洪应明《菜根谭》有云："富贵名誉,自道德来者,如山林中花,自是舒徐繁衍;自功业来者,如盆槛中花,便有迁徙兴废;若以权力得者,如瓶钵中花,其根不植,其萎可立而待矣。"可见,财富的获取以及使用方向,都应有其约束准则。

其次,《中国大百科全书·宗教》上说:"俗祀财神为赵公明,亦称赵公元帅,赵玄坛……神像头戴铁冠,一手举铁鞭,一手持翘宝,黑面浓须,身跨黑虎,全副戎装。"赵公明的武将形象已经确

盘龙环绕的财神

定,后来演变成左着文官服,右披战甲,寓意文治武功。求财得财,不是坐等财富上门,而是要拥有智慧才干,付出艰辛的劳动。在求财的同时,又要与人为善,君子爱财取之以道,最终还是要回报社会,才能如源头活水,绵延不绝。这其中蕴含了"德"的劝化。

再则,招财聚财是第一步,更重要的是要能守财、理财。全副武装的铠甲形象也隐藏着保卫、守护和有法有度的调配之意;神像下部的黑虎,身为百兽之王,具有震慑、巡狩和守卫之意。

赵公明的图腾神像不单单是一件艺术品和神像。他历经数千年演变,汇聚了华夏民族智慧和人文哲学观,蕴含着财富守则,包含了财富智慧的能量,可称为中华民族图腾文化最伟大、最神奇的聚像之一。因此,赵公明被推崇为华夏五路财神之首。

第一节
日精化身 善恶夙因

如今，在中国民间信奉的各路财神当中，影响最广的首推赵公明。

赵公明，姓赵名朗，又名玄朗，字公明。道教宫观里的正财神赵公明，黑面浓须，骑黑虎，一手执银鞭，一手持元宝，全副戎装。传统民间年画里，财神也是一副封建文武官员的打扮。神鬼体系的官府化是我国民间神祇崇拜的一个典型特征，赵公明之所以被塑造成这样的猛将形象也是有其历史原因的。

关于赵公明的生平有好几个版本的传说，其中"日精化身、鬼王修炼"的传说设想得最为完善，并且完整地融入了中国神灵体系。赵公明的财神地位，至明代已经完全确立，并随着《封神演义》的广泛流传而愈加深入人心。同样，其"日精化身"的记载也最完整地见诸于明代文人著作。明初宁波知府王琏《琅琊金石辑注》曰："财神者，姓赵名朗，字公明，琅琊古来有之。昔者天上生十日，帝命羿射九日。其八坠海为仙，海上八仙是也。余一陨于天台，其身为石，太阳石是也，其精为人，赵公明是也。既长成，至峨眉山修炼，得神仙之术。商周交兵，遂受闻太师之邀下山助商，失利为太公所杀[1]。

陕西财神故里赵公明像

太公岐山封神，朗受封玄坛真君，日精再归天台，遂真阳附石，神体合一。辖招宝天尊、纳珍天尊、招财使者、利市仙官，专司人间迎祥纳福之责。此后石下有庙供真君之位，天台山亦易名财山焉。" 王琏的这段话，包含的信息十分丰富：琅琊一带远古为"日神祭祀之地，黄老成仙之乡"，这里也是姜太公的出生地。赵公明是被射落的太阳精魄化成

---

[1] 历史上赵公明其人与神话传说中的赵公明有很大的出入，尤其是《封神演义》中，赵公明被刻画为一个极重同门义气，好胜心强、心高气傲的截教高手，与真实的赵公明反差很大。在本书中，为了尊重民间神祇文化信仰，我们在叙述演绎赵公明真人故事时和转引《封神演义》中故事时，会有所差别。

的人，无巧不巧也落在此地，这就为后来子牙封神的事埋下了伏笔。人类文明史上几个史前民族古老的太阳神崇拜遗址，其一就在山东琅琊一带，有5000年前"日火山"陶文及历史文献为证。如此一来，其与太阳之间的联系纽带也就确立了。赵公明是日精化身的传说也就顺理成章、水到渠成了。

关于"日精"之说，《春秋元命包》曰："阳成于三，故日中有

天台山赵公明祖庙遗址

三足乌。乌者，阳精"。就好比人有肉身和灵魂，"日精"也就是太阳的灵魂。肉身死而灵魂不灭，九个太阳虽然被后羿射死，但灵魂却可再生。那么，其中一个太阳的灵魂三足金乌投生为人也就完全有可能了。太阳的灵魂为什么会是一只乌鸦的形象，而且还是三只脚的？晋人郭璞在《玄中记》中给出的解释是："蓬莱之东，岱舆之山，上有扶桑之树，树高万丈。树颠有天鸡，为巢于上。每夜至子时则天鸡鸣，而日中阳鸟应之；阳鸟鸣则天下之鸡皆鸣。"这是从鸡鸣桑树颠的主观想象来推测的。也有学者推测说，是远古先民看见了太阳黑子，认为是黑色的乌鸦，只不过为了与凡间的乌鸦相区分，将其设想成了三只脚的乌鸦。故而后来人多用"三足乌"或"三足金乌"来指代太阳。与此相应的是在古老而神秘的印第安文明中，太阳也被认为是鸟的形象，只不过是一只"燃烧的火鹰"。两个古老文明神灵信仰上的相似性，不能简单地归结为偶然。当然这已经是另一个文明考古的论题了。

若只从看故事、消遣的角度来看待华夏先民留给我们的这些神话传说，我们将会错过许多有价值的东西。正像我们年幼时，因为对世界的

认知有限，原始思维原始情感占据我们的头脑，但这并不妨碍我们动用五官来细细感知，并展开丰富的想象，以浪漫主义诗人般的激情对后来人作出生动的描述。这就是神话传说的源头。事实上每一个民族的历史文化，都始于神话。

天台山财神庙

据推测，后羿射日①应发生在尧②帝在位时期，距今大约4300多年。十日同出，天下为祸，《淮南子·本经训》对此有很生动的描述："逮至尧之时，十日并出。焦禾稼，杀草木，而民无所食。猰貐、凿齿、九婴、大风、封豨、修蛇皆为民害。尧乃使羿诛凿齿于畴华之野，杀九婴于凶水之上，缴大风于青丘之泽，上射十日而下杀猰貐，断修蛇于洞庭，擒封豨于桑林。万民皆喜，置尧以为天子。"十日并出的天象也并非完全是神话创作，因为大气层的折射现象，在特殊的时段和特殊的地理条件下，天空中是会出现多个太阳的影像的，称之为"幻日"。

"幻日"是大气的一种光学现象。在天空出现的半透明薄云里，有许多飘浮的六角形柱状冰晶体，偶尔它们会整整齐齐地垂直排列在空中。当太阳光射在这一根根六角形冰柱上，就会发生非常规律的折射现象。

我们可以推测，当尧帝

大羿射日，日精三足乌坠落

①历史上有一个大羿，一个后羿，前者是帝尧时人物，后者是夏太康时人物。
②尧：约前2377-前2259，15岁受封唐侯，20岁登帝位，享年118岁。

还是陶唐氏的氏族首领那会儿，天下大旱，土地焦枯，森林大火绵延数千里，各种猛兽凶禽离开栖息的林地，进入人类聚居的平原地区，肆意伤害人畜。百姓苦不堪言，却只能将这一切归咎于上天的惩罚。某一天，陶唐氏部落里的人发现，晴朗的天空中忽然出现了好几个太阳。这令他们大惊失色，赶紧将这个消息报告给了首领尧。与此同时，各个部落发现了这一怪异现象的人们惶惶不可终日，从心底先就有了"之前的种种天灾是源自这十个太阳"的认识。作为部落首领的尧显然想得更深远一些：天灾总会过去，百姓还得生活。如果让天降大难的念头盘踞在人们心底，那以后人们就只会诚惶诚恐地沉浸于巫事祷告，消极度日，荒废生产。

《尧典》中记载，尧命令羲氏、和氏根据日月星辰的运行情况制定历法，然后颁行天下，使农业生产有所依循，叫"敬授民时"。他派羲仲住在东方海滨一个叫旸谷的地方，观察日出的情况，以昼夜平分的那天作为春分，并参考鸟星的位置来校正，即"日中星鸟，以殷仲春"①。派羲叔住在叫明都的地方，观察太阳由北向南移动的情况，以白昼时间最长的那天为夏至，并参考火星的位置来校正；派和仲住在西方叫昧谷的地方，观察日落的情况，以昼夜平分的那天作为秋分，并参考虚星的位置来校正；派和叔住在北方叫幽都的地方，观察太阳由南向北移动的情况，以白昼最短的那天作为冬至，并参考昴星的位置来校正。当十日同出的"幻日"景观出现时，尧作为一个具有多年天象观测经验和敏锐判断力的天文学家，立刻意识到这根本就不是什么上天降罪，只是某种未知的自然现象而已。有了这个基本的认知，尧作为部落首领，更重要的是作为一个有心问鼎天下的政治家，接下来要考虑的是如何借助这次难得的天象奇观来为自己谋求最大利益。于是，经过周密计划，尧召来自己最得力的心腹爱将神射手大羿，如此这般地吩咐了一通。根据多年

---

① （孔颖达疏）鸟，南方朱鸟七宿。殷，正也。春分之昏，鸟星毕见，以正仲春之气节。

尧帝画像

观测天象所得出的经验，尧选在乌云漫卷、将有倾盆大雨的一天，令大羿一举"射掉"九个太阳。之后，多出来的九个太阳果然都隐去，大雨倾盆，干旱结束了，人们奔走相告。在这场无异于救世主拯救苍生的壮举中，尧的英明睿智、大羿的神勇被满怀感激之情的人们四处传诵，继而越传越神，人们对尧的崇拜和爱戴里更增加了敬畏和服从。唐尧凭此一举，为他登上帝位奠定了坚实的人心基础。

射日传说所传达的是人们对于人力战胜大自然的英雄的崇拜和向往，但我们不要忘了，那个时代，远古先民们还处在太阳神崇拜时期。

九个给大地带来灾厄的太阳形已被灭了，可不能让它们的灵魂也就此消失。否则，对于崇拜太阳的先民们来说，那是对太阳神的极大不敬。我们不妨做这样的设想：4300多年前被那一场空前绝后的旱灾折磨得奄奄一息，随时有可能倒地不起的人民，在部落巫师的带领下，日日夜夜虔诚地在神坛下举行祭祀，奉上最好的牺牲，只求伟大的太阳神能够平息怒火，宽恕万民。这样的祭祀一连进行数月仍没有效果，一些有主见的人嘴上虽然不敢说什么，但心底已播下了怀疑的种子，以至于当有雄心壮志又聪颖睿智的唐侯尧帝开始谋划"射日"之举时，他们便最先响应。等到天下大定后，尧帝及他的智囊团出于政治舆论与宗教安抚的需要，为那九个原本应该消亡的太阳设计了较好的出路。这就有了九日精魄不死、再入神道、威行世间的传说。赵公明的前世今生在这里就

11

有了一个完整的交代。

鬼王审判

因太阳代表着光明、生命成长所需要的能量，故而死去的太阳相对的也就可以代表黑暗、静寂、死亡的昭示。大羿射日后，九只日精三足乌掉到了人间，恰好落在青城山①上，变成了九位厉害的鬼王。因着对人间的仇恨，九位鬼王四处害人，后来典籍中记载赵公明最初的身份为"大厉"，东汉人即以春秋晋景公所梦大厉为赵公明之鬼。《左传·成公十年》云："晋侯梦大厉，被发及地，搏膺而踊，曰：'杀余孙，不义。'"杜预《集解》云："厉，鬼也，赵氏之先祖也。八年，晋侯杀赵同、赵括，故怒。"赵公明在相当长的一段时间被冠以厉鬼、瘟鬼、鬼帅的身份。高高在上的天帝之子，被一个凡人射落，只空余精魄游荡世间，说心中没有对人类的仇视，那是绝对不可能的。将其精魄的化身塑造成追债的厉鬼，恰恰最能体现这种怨恨。

"日精化身"的传说，对于赵公明"恶神"的一面有了合理的解释，对其专司金银财宝、迎祥纳福、使人宜利和合、发财致富、统领五路财神的"善神"身份，也埋下了伏笔。

对赵公明这种原本对立的神格的演变，历代学者给出的解释都源于人们对财富的祈盼和渴求，对恶鬼势力的畏惧和下意识的排斥。于是在漫长的岁月中，人们不断地对赵公明的职责和能力进行扩充和升级，到了元本《新编连相搜神广记》载："……驱雷驭电，唤雨呼风，除瘟剪

①青城山：中国道教发源地之一，是道教名山。因赵公明属道教俗神，故取用这一版本。

疟，保病禳灾，元帅之功莫大焉。
至如诉冤伸抑，公能使之解释；公
平买卖求财，公能使之宜利和合。
但有公平之事，可以对神祷，无不
如意……"赵公明至此完全变成了
一个神通广大、造福民众的善神
了。

财神赵公明

综观赵公明神格和神职的演
变，结果虽然突兀，但自"日精化
身"的神话传说开始，并不是毫无
踪迹可循。华夏先民对于太阳的崇
拜和敬意已经融入了血脉之中，太
阳给我们带来光明和希望，正如同印第安人将自己称之为太阳的子孙一
样，我们的先民在创造神灵的过程中，会逐渐还原太阳神的本色。赵公
明正财神地位的最终确立也与他不容忽视的出身有着莫大的关系。

第二节
白手起家 诚信仁勇

关于财神赵公明出生的朝代，有商末周初和秦代两种说法。第一
种说法的依据是广为流传的《武王伐纣平话》、《封神演义》、《黄河
阵》等小说，《封神榜》、《七箭书》、《剪梅录》等戏剧类文学作
品，其可信度并不高，毕竟在漫长的流传过程中，这些都经过了人民群
众的艺术再创造。

相比较而言，第二种认为赵公明生活在秦代的提法就较为可信了。据《三教源流搜神大全》记载："赵公明得道于终南山。"赵大村赵公明庙前，有一石碑，碑额螭纹，额中篆书《重修玄坛赵公元帅庙碑记》，碑文说：楼观"说经台东北焉，尚曰赵大村，旧有玄坛神庙，财神生于斯也。庙不知创自何代，迄今倾圮……赵公明由秦至今……

号为黑虎玄坛，上帝嘉其功……"碑立于明万历九年（1581年）八月十五日。赵公明生活在秦代的另一个佐证，是老子于东周末年在终南山楼观台最终创立道家学说，若是赵公明生于商末周初，又怎

楼观地区鸟瞰图

么可能在终南山修道？

秦代包括秦国和秦王朝，秦国是春秋战国时诸侯国，公元前776年，襄公迁都于邑(今陕西陇县)。《史记·秦本纪》记载："襄公以兵送周平王。平王封襄公为诸侯，赐之岐以西之地。"公元前770年，秦襄公护送周平王东迁有功，被封为诸侯，得到了岐山以西（地处陕西关中西部）的领地，秦由此建国，称为秦国。到始皇嬴政于公元前221年统一六国，公元前206年秦亡于农民战争，整个秦国有564年的历史。

史上记载，赵公明以经商起家，积累巨额家资，随后出钱资助国家军事行动，更亲自参军，凭军功跻身于政治权力中心。借此，我们可以大胆推测：赵公明生活的时代应与历史上极具传奇色彩的融商人、政治家、思想家身份于一身的秦丞相吕不韦的时代贴近。出身贫苦、白手起家的赵公明，能在创业成功后从军从政，丞相吕不韦的榜样功不可没。

吕不韦掌权时期，提出了兴"义兵"的思想。所谓义兵，就是"兵入于敌之境，则民知所庇矣，黔首知不死矣。至于都国之郊，不虐五谷，不掘坟墓，不伐树木，不烧积聚，不焚室屋，不取六畜，得民虏奉而题归之"。吕不韦对外战争讲究谋略，避免硬仗恶仗，将战争的破坏降到最低程度，公元前247年，东方五国联合抗秦，吕不韦设计离间联军首领信陵君和魏王，令魏王撤换了信陵君，联军攻势遂告瓦解。此后秦国对外战争处于一边倒的顺利时期，秦国国内也就有了一个相对稳定的社会发展阶段。等到秦王嬴政举行冠礼、罢免相国吕不韦后，秦国对外发动战争的频率愈加频繁，国内社会生产围绕着保证军事行动顺利开展来进行，属于全民皆兵、成年男子都要上战场的一个国家战争机器高速运转期。这与典籍中赵公明从商完成原始资本积累后，为国家军事行动出钱出力、甘冒危险亲自上战场的记录相吻合。

初涉商场　崭露头角

秦昭王四十七年（前260年），秦武安君白起率兵大破赵国于长平，坑杀四十余万赵国降卒，天下震动。经此一战，赵国一蹶不振，而秦因举全国之兵力抗赵，15岁以上的男子皆应征入伍，社会生产一时陷入停滞。

二月的春风将生机吹向关中大地，一批老弱病残的秦军回归家园，重新操持生计。这其中就有一名姓赵的"上造①"，在长平之战中，他因斩杀了赵国两名小军官而晋升为上造，但也因此失去了一条胳膊，在武安君白起去芜存菁的选卒大会上被劝退了。恰好，此时盼望已久的家书送来，提及妻子即将临盆，赵上造抑郁略解，简单收拾了行装，踏上回家的旅程。回到家乡关中大河田峪河东岸的枣林村时已是三月中旬，很快他得知妻子前天刚为他生了一个儿子。欣喜之余，他来不及放下行装，单臂抱起孩子，仔细端详了起来：这是一名肤色黝黑、眼若晨星的

---

① 秦自商鞅变法设立二十级军功爵位制，"上造"为第二级爵位，军中可食粗米。

男孩。这让原本想凭军功扬名立万的赵上造喜出望外，他开怀大笑，当即为儿子取名朗，打定主意日后让儿子来继续自己未了的心愿。

对尚武的秦人而言，秦国对外的兼并战争从来就没有止歇过。"上造"只是个低级爵位，按规定可领岁俸100石粟米，但因为已经离开军队，这100石粮食真正到他手中的不过三分之一。一家人仅能勉强维持生计，遇到战事艰难的年景，赵家不得不开荒种地，生活得甚是艰辛。一年又一年，赵朗长大了，无论个头还是力气，都是同龄人中出类拔萃的。见儿子越来越有自己昔年雄风，赵父大为欣慰，辛苦耕作为生计操劳的闲暇，总会见缝插针地指点儿子武艺。这一来，一发不可收拾：十三岁的赵朗，生得倒是壮实，赶得上人家十六七岁的大小伙了，可一天到晚痴迷武艺，田地里的活计看都不看一眼。这让家里家外、田间地头操劳的赵母有了怨言：儿子力气大，原指望他能搭把手，却整日里打熬力气，平白地多费了口粮。这时候赵父的坚持就很难能可贵了。一天，在饭桌上赵母又旧事重提，赵父厉声喝止："身为秦国男儿，生来是要凭手中的刀去战场拼杀，以真本事来换取功名富贵。朗儿资质甚佳，将来就算是做个上将军也未必不可。怎么可以为了多收几斗粟米，就耽搁孩子学武艺呢？"年少的赵朗被父亲的这番话激得热血沸腾，恨不得立刻长大，应征入伍，上马捉刀，杀敌建功。但一直孝顺有加的赵朗也理解母亲的辛苦：过完年他就满十四岁了，离"傅籍^①"尚有三年多时间；父亲年岁大了，早年在战争中落下的伤臂遇到阴雨天疼得更厉害；三个妹妹^②尚年幼，家里的状况确实不容乐观。想到这里，他一本正经地对母亲道："娘，您别担心，河东林场那边要招搬运工呢，儿子有的是力气，明天就去，等赚到了钱，一定可以让爹和娘过上好日子。"赵母有些不以为然，倒是赵父听了，仔细思量，点头赞同儿子的打算："这样也好，既锻炼了身板，也能多结识一些伙伴，要知道战场上可不

① 《睡虎地秦墓竹简》中记载秦朝兵役制，凡适龄男子必须在专门的名册登记，并开始服徭役，当时称为傅籍。男子十七岁"傅籍"，以后根据战争需要，随时可征集入伍，到六十岁才能免役。
② 根据《封神演义》等文学作品，赵公明有三个妹妹云霄、碧霄、琼霄，后一起入截教门下修道。

是单凭匹夫之勇就能打胜仗的。"

赵朗点头应了，但他心里还藏着一个打算：如今咸阳内外，大兴土木，木材生意十分兴旺。他并不是要去做一个只会搬木材的苦力，他有更高的志向——如同他们的吕丞相传奇的发家经历一样，积累足够的财富，以图将来。

三霄娘娘

第二天，鸡刚唱了头遍，赵朗就早早地爬了起来，简单洗漱了一番，将两件换洗的衣服打了个背囊往肩上一甩，到双亲房门口轻声道："爹、娘，朗儿去了，少则十天，多则一个月就回来。"屋内的赵母毕竟心疼儿子这么小起早要赶那么远的山路，忙起来应道："朗儿等等，我给你烙几张饼带着。出门在外该带的物什可别少了。"赵朗心中一暖，忙恭敬地应了。看着娘拿头巾裹了发，净了手，上灶台一阵忙乎，找出一条干净的褡裢，给他前后口袋里装满热乎乎的烙饼，还将家里最新的那只牛皮水囊也给他别在了后腰上。这时候的赵朗完全没有了对母亲的怨气，母亲吩咐一句，他便应一句。说着说着，眼眶不由得红了。赵父披着大袄，端着一盏油灯，边咳嗽边走了出来，少不得又是一番吩咐。

天边露出一丝曙光，赵朗推开柴门，看了看村子南面那宛如一条巨龙般横贯东西、高可摩天的秦岭①，那里就是他将要去的地方——伐木场。深吸了一口气，紧了紧肩上的褡裢，回头看了看门洞里并肩而立的父母，挥了挥手："爹、娘，露水重，早些进屋吧。"

这是崭新的一天，年轻的赵朗心中有些雀跃，更多的是对未来的憧憬。村子往南、秦岭以北这一大片地区，位于关中平原盆地南部，此处多山地森林，从山麓到山顶垂直变化明显，参天巨木，遮天蔽日，飞禽走

---

① 秦岭：位于关中以南，古时又称为"南山"，即后来道教中所说的赵公明隐居得道的终南山。

兽，多不胜数。咸阳城内达官贵人们大兴土木，都爱用这里出产的原木。关中木材和山货土产大半出自此地。秦岭往南就是沃野千里的蜀地。每年都有胆大的客商越过秦岭，往返于蜀地与关中平原，贱买贵卖，赚得不少钱帛。村里几户殷实人家还专门扩建了房舍，供来往商旅歇脚，倒比其他人土里刨食进项多了许多，日子也松快不少。这

云雾缭绕的秦岭

一切，年少的赵朗都看在眼里。此刻走在这条通向财富的官道上，赵朗思绪万千，往日里潜藏在心底的念头活泛起来。他暗暗打定主意：一定要在五年①的时间内干出一番样子来。

这一年，是秦昭襄王在位的最后一年，《史记·秦本纪》载："三年，蒙骜攻魏高都、汲，拔之。攻赵榆次、新城、狼孟，取三十七城。四月日食。王龁攻上党。初置太原郡。魏将无忌率五国兵击秦，秦却于河外。蒙骜败，解而去。五月丙午，庄襄王卒，子政立，是为秦始皇帝。"蒙骜大败，庄襄王薨，赵政为秦王，即后来历史上赫赫有名的秦始皇。蒙骜将军战场失利，退守险关，并未对秦国造成多大影响。因早期数次攻城掠地，秦国所获颇丰，封官晋爵、赏赐财帛的连带效应，加快了金银流通，土木建设工程愈加繁荣，带动了以咸阳为中心的商品经济圈的发展。五月，庄襄王陵寝所需要的大量黄肠题凑②以及建造地宫所需的原木，使得秦国整个木材业兴旺发达起来。赵朗选择了一个最具"钱途"的行业来开始他的事业生涯。

因预先央父亲托了村子里的熟人做举荐人，这次赵朗来到南山坡

①年后赵朗十七岁，按照秦朝兵役制，赵朗将要"傅籍"，去军中服役。
②题凑：一种葬式，始于上古。黄肠题凑与梓宫、便房、外藏椁同属帝王陵墓中的重要组成部分。

上，工头也并未在他的年龄上多做计较，上下打量了一回他壮实的身板，让他试着扛了几段木头就让他过了。第一天，赵朗鼓足了干劲，浑身仿佛有使不完的力气，笑得弯弯的嘴角就没放下来过。他生具神力，工头吩咐他搬哪边，他二话不说就搬哪边，还不等吩咐就将砍伐好的木材依大小长短码放得整整齐齐。原路返回时，遇到力气不济的工友，他也热心地上去搭一把手。第一天上工，伐木场里的人就对这个笑容灿烂、热情踏实的小伙子产生了好感。不到半月的工夫，赵朗就认识了整个伐木场里近二百个工友，几乎个个都能叫得出名字来。月末时发生的一件事，更是让工友们对这个半大小伙子佩服得五体投地。平日里东家并不怎么来这里，工人们自然都有明确的分工。两个工头除了督促约束工人外，因为略知算术，还兼着账房的职责。这样一来，考勤登记的是他俩，清点木材、核算工作量、核发工钱的还是他俩。时日一久，随着出入的银钱多了，难免会有一些掩人耳目的做法中饱私囊。因为做得隐秘，再加上来这里做工的大多是贫寒农家子弟，斗大的字不识一个，故而这么长时间来，竟然没有人发现这其中的猫腻。赵朗幼时受父亲指点，读了几卷兵书，胸中存了些墨水。来这里第一个月，发工钱的时候，他就发现了这其中的诡异。虽年纪不大，可父亲总教导他凡事深思慎行，因此他丝毫不莽撞，暗地里磨了块锋利的石头，将那些有问题的账目都记下来，刻在一段去了皮的树干上。过后找工友们核对，果然出入甚大。赵朗并没有立刻就去找工头理论，而是如一头豹子般耐心地等着最恰当的时机：因为根据这一个月来大量木材囤积的情况来看，近期会有一笔大买卖，东家一定会亲自过来视察一番。到时候找个时机让东家来这棵树前看一看，人证物证俱在，两个黑心的工头想抵赖都不行。

一切如赵朗所料那样顺利发生了。东家对于赵朗小小年纪所表现出来的沉稳和机智产生了极大的兴趣，又惊诧于他具有能文会算的本事，

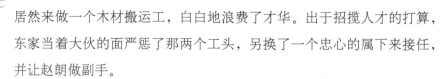

居然来做一个木材搬运工，白白地浪费了才华。出于招揽人才的打算，东家当着大伙的面严惩了那两个工头，另换了一个忠心的属下来接任，并让赵朗做副手。

经过这一次，工友们的待遇改善了许多，大家感激赵朗为他们所做的一切，自发自觉地配合赵朗的工作，默默地给予他关怀和支持。新上任的工头察觉了东家想要磨炼这个小伙子、试试他的斤两的意图，大小事也尽量放手让他去做，甚至去城里会见客户的时候，也叫上他一起前去见见世面。就这样，赵朗度过了充实而又忙碌的第一个年头。自吕相国来到秦国以来，商人的地位有了很大的提升，有影响力的商人更是成立了类似商会的松散联合组织，公推吕相国为商人的表率。行业间买卖公平、诚信为本的风气让世人赞誉不绝。走在繁华的咸阳城街头，整洁宽敞的马路两旁店铺林立，客人络绎不绝，店家迎来送往，笑脸盈盈。年少的赵朗凭着天生的经济头脑，意识到了商人这个群体在秦国这样一个重视生产、努力发展国力、积聚财富的黄金时代所面临的机遇。最初的设想越来越清晰，他兴奋得满脸通红，暗地里握紧了双拳。

与客户的洽谈进行得很顺利，天色暗了下来，街上实行宵禁。赵朗随同工头一起住到了东家的大宅子里。当晚，东家对于赵朗一年来的工作表现十分满意，心情大好之余，问他想要什么赏赐。赵朗斟酌再三，请求东家允许他暂时留在城里几日。东家大吃一惊，原以为赵朗会提出增加酬金或是给予假期的要求，想了一想，东家心里有了计较，将酒樽重重地往桌上一放，淡淡地说："这城内虽然繁华，也不是你能消受得起的，年轻人还是得学着收收性子。"赵朗知道东家误会了，忙站起躬身道："朗并非耽于戏耍，只是想留下来走访一番，好知悉木材所需的近况。"东家转怒为喜，褒奖了他一番，当即应允他留下来。

赵朗说到做到，留下来这几天，他早出晚归，将咸阳城跑了个遍。

东家闲暇时召他来询问，他每有见解独到之语，令东家激赏不已，当即拍板让他就此留在府中，跟随账房学习总理账务。赵朗勤奋好学，利用这段难得的时间，大量地阅读东家书房里的书简典籍，又多方请教跟随东家多年、经验丰富的老人，账务上手很快。他对数字尤其敏感，账务几乎是过目不忘。又过了一年多，赵朗俨然成了东家的左膀右臂。咸阳城里掌管山林渔猎的府衙差官、木材商人联合会的大小头目、一些达官贵人府上负责土木工程的管事们，甚至几个专靠替人搬运货物谋生的脚夫头目，他都一一用心结交。

如此到了第二年，凭着积攒的薪资和东家数次的赏赐，赵朗自己也有了一笔积蓄。拿出一部分给父母改善生活后，他就开始琢磨自己的事业了。显然在木材这一行做熟了的，要是自主创业的话，怎么着做生不如做熟的好。可是东家好心栽培，自己又怎好辞了单干，还成为同行对头呢？十五岁的赵公明虽是少年老成，可也是第一次遇到这种道义选择上的问题，他一连数日苦恼不已。

一天，东家忽然派人将他叫到书房，告诉赵朗他将要举家西迁至蜀地，终南山北坡的那个伐木场想转出去，让他留心一下寻找买主接手的事情。这不正是给要打瞌睡的人送上枕头么？赵朗欣喜若狂，鼓起勇气将自己打算接下终南山北坡伐木场的想法说了出来。东家一愣，随即恍然，指着他大笑道："好你个狡猾的小儿，怕是盘算了多日吧？"笑过之后，东家语重心长道："赵朗你年纪虽小，却有君子之风，日后前途不可限量。只是财帛动人心，名利遭人忌。吕丞相权势炙手可热，却代国君行事，所行多有不妥。秦王为人，蜂准长目鸷鸟膺，豺声，少恩而虎狼心，至亲亦不能免，他日恐有山峦倾覆之变。届时我等无权无势却又薄具金银钱粮物资的商人恐受池鱼之殃。我今日举家西迁，所担忧者也正是如此。他日你接手伐木场，一应手续，还有府衙那头，我也可以

21

为你通关梳理，只是日后却要谨记千万为自己留条后路。"

赵朗恭敬听从了教诲，感激之情难以言喻，当即主动应承下替东家守着祖业、岁常祭祀和坟地修缮等事务。

机智辩才　遇难呈祥

这一次剖心置腹的恳谈，令赵朗心中大定，摩拳擦掌只等大干一场。盘下终南山北坡的伐木场不在话下，虽说不能奢望东家分文不取、拱手相送，但总会给自己一个能力承受范围内的价格吧？铜壶夜漏上显示一更将近时，东家疲倦地揉了揉睛明穴，对他挥了挥手："今日就到这里吧。从明日起，我给你三天时间，筹措伐木场的经费，就按市值均价两万钱[①]交割吧！"赵朗的笑容僵在了脸上，不敢置信地重复了一句："市值均价两万钱？"

秦半两

东家觑了他一眼，似笑非笑："怎么，有问题吗？这可是你自己单独立户的第一个考验，第一步都没有信心迈出去？"赵朗心中一震，随即明白这是东家在考验自己是否有能力扛起这个担子，顿时为自己先前那一番侥幸的心理汗颜，肃然正色道："三天之后，朗一定将两万钱如数奉上。"

毋庸置疑，今夜又是一个不眠之夜。赵朗回到住处，将自己平日里积攒起来换成金铢的钱币又仔细清点了一番，整整还差五千钱。东家说的这个价钱在市面上也算偏高了。何况就算能借贷到五千钱，顺利盘下伐木场，接下来的人工开支、食宿安排、运输脚力、客户维系，哪一项不需要钱？借贷终究不是根本解决之道啊。

咸阳城城门前巨大的吊桥放下后，赵朗的车第一个驶出城门洞——

①指秦代通行货币半两钱。《商君书·去强篇》云："金一两生于竟内，粟十二石死于竟外。粟十二石生于竟内，金一两死于竟外。"即秦国用12石粟的高价去换取国外的一两黄金。《商君书》的成书年代大约在战国时期，若以战国时期的物价来衡量，一两黄金在当时秦国的市场上，实际上是买不到12石粟的，即一两黄金所能买到的粟是低于12石的。如果以秦律规定的每石粟值30枚半两钱计算，那么一斤黄金当等同于价值30×12×16=5760枚。秦时衡制二十四铢为一两，十二铢为半两，半两钱为记重货币。

他不能困在这里犯愁，哪怕回到伐木场和那些亲如一家的工友们待在一块儿，也比在城里无法可想好。倒不是没有想过向工友们借贷，可他们收入有限，养家糊口之后少有积蓄。就算能筹借到一些，对于接下来的花销，那也是杯水车薪。

近乡情更怯。站在村庄前的土冈上，赵朗远远地看着升起炊烟的家，可以想象得出母亲在灶台间忙碌的情景。这些年，因为自己的努力，家里的生活改善了不少，父亲闲暇时，应该是又能捧起他那几卷兵书木简了吧？大妹二妹幺妹也到了识字的年龄……赵朗思绪万千，犹豫了许久。最终，他长叹一声：何必回家，倒扰得家人不得安宁？转身大步朝终南山走去。

傍晚收工的时候，工友们听说赵朗回来了，蜂拥而至，把他在伐木场里的小屋挤了个水泄不通。更有那当初受他恩惠讨回了工钱的工友们，将从家里带来、平日里自己舍不得吃的腌肉干全搬了过来。工头也知趣，搬了两坛陈酒过来，寒暄了几句，就转身离去，留给大伙儿叙旧的时间——他非常清楚这个未及弱冠的少年在东家心中的分量。

大伙儿心中高兴，再加上也干了一天体力活，现在有吃有喝，还有赵朗从城里带来的熏肉、烤鸡等年节里也未必有机会吃的好菜，话匣子当即打开了，你一言我一语，这个问赵朗这一年里混得怎样，那个问赵朗等钱攒够了是不是计划着娶一房媳妇……说得赵朗又是尴尬又是感动，许是心中藏着心事，不由得随着大伙儿劝酒多喝了几杯，说着说着就将自己眼下正犯愁的事情给道了出来。大家伙儿你看着我，我看着你，都沉默了。倒是同村一位长者，将手中粗瓦盅子里的酒一饮而尽，重重地搁桌上道："朗小子，这有什么好犯愁的？三日后交割钱帛，北坡后水潭里还有原木存货。你在城里这么久，认识的贵人总该有些，找那出得起价钱的买主接手了，我们大伙儿再凑上一点，也就出来了！"

23

赵朗眼前一亮，可随即又黯淡下来："这样盘下来，我可是身无分文了，哪里还请得起各位？"当即有性子直爽的人不忿："赵朗你把我们当什么人了？大伙儿认定了你，愿意跟着你干，忍心看着你为难吗？"

"对，说得就是，咱们出不起钱，难道还不能出力啊？"大伙儿纷纷附和，越说越激动，赵朗也不知是酒劲上头还是被大家的热情所感染，当即拍桌表态："好，就冲大伙儿这句话，年底再给大家加二成工钱。"不得不说，赵朗真的是个经商的天才，他或许还没有意识到，今日他的这番行为，算是迈出了信用评估、人力资本折合原始股，厘定年终分红比例的第一步。

解决了困扰自己多时的难题，赵朗与工友们痛饮了一番，直喝到人事不知。

正如那位长者所说，那些原木存货都是建造宫室的上等木材。前些时日，赵朗留心打探了一下木材市场的行情，得知吕丞相的门客越来越多，府内已经容纳不下，已经单独在府邸东面开辟出一块地，打算建造门客馆舍。这批木材刚好可以转手出去。

怀里揣着工友们摁了手印的劳工文书，捧着已经折合成黄金的转让金，赵朗在东家的书房前站了一会儿，深吸了一口气，叩响了门……

秦王政三年，与年轻的秦王同岁的木场主赵朗，刚一进入咸阳商业圈，就被归于"英雄出少年"一类，人们一时议论纷纷。当初赵朗跟随东家进出权贵们的府邸、出席咸阳商会，在圈子内算是混了个脸熟。但要让那些足以做他父辈、祖父辈的同行从心底认同他，他还有一段漫长而艰辛的路要走，除非有极大的转机出现……

人生在世，机遇总是伴随着危机一同降临。有的人被呈现在外的危机吓得惊慌失措，沮丧退缩；有的人却能冷静分析，抽丝剥茧，看准时机一举而得手，将危机转化为改变自己人生的重大机遇。我们的少年木场主赵朗，显然也碰到了这样一个重大的转折点。他还没有从独当一面的兴奋中回过味来，接踵而来的几件事打了他一个措手不及：最大的主顾——吕丞相府上的土木工程刘买办突然造访，声称他送来的那批原木存货过于潮湿，木匠们无法加工，要求另换一批；已经联系好了的另外几家也突然派人过来打招呼，说工期紧，等不及他半个月后交货了，这笔买卖就作废了……任凭赵朗如何保证不会耽误工期，那些买办们还是头也不回地走了，大约是欺他年纪小，连基本的寒暄客套都省了。赵朗兀自呆立在屋檐下，看着这座东家留下来的宅院，当初这些人谁个不对他礼敬三分？如今物是人非，世态炎凉，怎叫他不感慨？那位人情世故老练、睿智沉稳，在伐木场一语点醒赵朗的同村叔伯，被尊为赵伯，现在被聘为总管留在赵朗身边。赵伯暗暗将这一幕从头到尾看在眼里，随后悄然出门。

就算再怎么少年老成，赵朗仍然是一个刚满十五岁的孩子，而且根本谈不上有什么政治背景：父亲只是得了个有名无实的二级爵位"上造"，又因伤残退伍，如今连拿到足额的岁俸都不能，更别说要凭这低微的爵位去疏通关节了。咸阳城里，就算是那些权贵们的家奴腰杆子都要比他家直上三分。在书房中漫无目的地踱步多时的赵朗终于在条案前跪坐下来，随手翻开手边一卷书简，正是讲吕丞相发家的传奇经历的一本手记。也不知老东家和吕丞相有着什么样的渊源，他竟然能对吕丞相自阳翟经商、家累千金到助庄襄王登位等一应重大事件和决策有如亲历亲闻一般，并还撰录成册，成为案头必备之书简。这厚厚的一大卷书简，早先赵朗就读过，只是那时是以崇拜敬慕和看偶像传奇的心理来看，今时今地，因为心境不同，再翻开时，目光掠过吕不韦向尚在赵国邯郸为质子、潦倒困窘的先王子楚进言："吾能大子之门。"子楚笑曰："且自大君之门，而乃大吾之门！"吕不韦曰："子不知也，吾门待子门而大。"恰如暗夜长空划过一道流星，赵朗不自觉地重复"吾门待子门而大……好！"赵朗霍然起立，恰在此时，屋外传来了叩门声，应声而入的是先前悄无声息地出门的赵伯。见赵朗面有喜色，他点头赞道："看来，东家已经想通其中的关节了。"

次日，赵朗铁甲全身①，束发戴冠，腰悬青铜长剑，龙骧虎步，朝吕丞相府邸东面的宾客馆舍走去。客卿馆主吕氏宗人闻听门房报称一少年前来自荐为宾客，好奇之余，出门看个究竟，一见明显身量尚小、未及弱冠的赵朗作这身打扮，顿时哑然失笑："少年郎且别处作要，若是要从军，去将军府可矣。此处乃相国招揽天下贤士的地方。"赵朗反问道："先生何以知朗非贤士？"门房鄙夷："黄口小儿，井底之蛙，口气倒狂妄。"赵朗不慌不忙道："先生以为我王如何？"

"王少年英杰，拥百万甲士，自是一代雄主。"吕氏宗人拱手向王宫而拜。

"先生又以为相国如何？"

"相国礼贤下士、鞠躬尽瘁辅佐我王，自是当世伊尹。"吕氏宗人拱手向西面相国府邸再拜，面有得色。

赵朗朗笑三声，肃然正色道："先生杀身之祸，只在旦夕，却不自知矣。"吕氏宗人恼其狂妄，厉声呵斥，呼左右甲士上前擒拿。赵朗长剑出鞘，骤然暴起，先发制人，长剑置于吕氏宗人颈项要害，笑道："朗言先生杀身之祸，只在旦夕，何如？"吕氏宗人骇得魂飞魄散，不敢再大放厥词，即令左右稍退。赵朗收剑退后一步，倒转剑柄抱拳道："一步之内，朗即可令君血溅当场。可知国内但知秦相贤明，宾客附归多称秦相，未知有我王，此乃大祸之源也！"话音稍落，蓦听身后传来喝彩："好一个少年郎！"赵朗心中大定，知今日兵行险招，局面已焕然一新。从容转身，目光炯炯直视来人，这才以军礼参拜："赵朗拜见相国大人。"

----

① 秦代军制，军功可世袭，赵朗父为"上造"，据秦始皇兵马俑所展现出来的阵势，二级爵位"上造"有铠甲护体，头戴麻布做的尖顶圆帽。

不错，今日这番举动，是赵伯打探到丞相吕不韦下朝后将来东面客卿馆舍接见自楚国来秦的李斯，故算计吕相将到时，有此冒险挑衅之举，果然一举而获得吕相关注。待迎入客馆，吕相观其少年英武，目若朗星，知其久非池中之物，心中愈加喜欢。当此之时，魏有信陵君，楚有春申君，赵有平原君，齐有孟尝君，皆因礼贤下士、招纳宾客而闻名天下，吕相认为秦国为诸国之首，却在这方面输于各国，深以为耻，所以也颁布招贤致士号令，厚待所谓的贤人，短短两三年就聚集了食客三千人。这三千人当中真正的贤士也并非没有，比如将要到来的李斯，后来成为辅佐始皇一统六国的秦相。但鱼龙混杂，杀人越货、奸猾豪强、巧言令色之徒也不少。吕相欣赏这黑脸少年门前勇敢果决之气势，但对其真才实学还是存有考校之心，故奉茶已毕，诚恳道："先生适才所言，未知端底，还请畅所欲言。"

赵朗侃侃而谈："相国有功于先王，故先王封相国为文信侯，食河南洛阳十万户。当今王上即位，尊相国为仲父，国事皆决于相国。此系人臣之极也。相国不思善后全身之策，莫非深信当日先王口称'请得分秦国与君共之'之语必能践诺？"一语直指核心，吕不韦心中勃然大怒，但久经商场，又周旋于君王权臣之间，早已练得面不改色，依旧笑盈盈道："那先生何以教我？"这已经是讽刺的语气了。

在家时，赵朗与赵伯多方推演，已知吕相会有这种反应，因此仍是泰然自若："朗听闻，丞相当年说先王称：'吾门待子门而大。'今丞相门愈广，宾客愈多，天下但知有秦相致士，而不知秦王求贤。丞相当年使人离间魏王与信陵君称'诸侯徒闻魏公子，不闻魏王。公子亦欲因此时定南面而王，诸侯畏公子之威，方欲共立之'，信陵君因此遭忌，称病不上朝，终日沉湎于酒色，不足道矣。今日相国因有先王口谕在前，毋须人毁，王自生疑。相国不为子孙计乎？"吕不韦汗湿脊背，几

27

乎握不稳手中茶具，忙起身长拜："先生大才，不韦受教。"

赵朗的毛遂自荐获得了圆满成功。吕不韦听了他这一席话后，再去见楚客卿李斯时就怀了不一样的心理。若按照以前的偏好，吕不韦对法家术士之流是不甚在意的，但深知秦王好武，尤喜法家之言。李斯师从荀卿学习帝王之术，最谙帝王权力之欲，若将其引荐于秦王，秦王必重用之。假以时日，李斯顾念今日提拔之情，尚可在秦王面前维系一二。计议已定，吕不韦破天荒地将原本是法家术士的李斯尊为贵宾，并凭着自己相国的权力，提拔他做了郎官，这一切都是为了日后将他带到秦王殿前做铺垫。

回头来再说赵朗。经过这一次秦相奉为贵宾、单独问策后，赵朗在咸阳一下子成了极富传奇色彩的人物。当日那些白眼看人的势利小人纷纷登门，吕相客卿馆舍的那笔生意自不必说，当日就有那吕氏宗人亲自登门送来全款，并补送了一笔不菲的压惊礼。随后，赵朗在咸阳的住所，门槛几乎被人踏断。商会那帮冥顽不灵、倚老卖老的家伙都纷纷对他执礼甚恭，口称先生。

未及一个月，赵朗就兑现了当初对终南山北坡伐木场里的工友们所承诺的增发二成工钱事宜。赵朗智勇双全，凭一己之力跻身于咸阳商圈，闻达于上层权贵，令他的工友们敬佩不已，津津乐道于乡邻。至此，赵朗仗义勇为、目光远大、诚信待人的口碑就越传越远，许多主顾都是不远千里来求，指明要买赵朗名下的木材。

一切正常运转，金银累积越来越多，赵朗瞅准时机又盘下了附近几处木场，并专门设置了车马转运所，负责为客户送货上门。

第三节
投军从戎　功名富贵终顿悟

　　《史记·秦始皇本纪第六》："四年，拔畅、有诡。三月，军罢。秦质子归自赵，赵太子出归国。十月庚寅，蝗虫从东方来，蔽天。天下疫。百姓内粟千石，拜爵一级。五年，将军骜攻魏，定酸枣、燕、虚、长平、雍丘、山阳城，皆拔之，取二十城。初置东郡。冬雷。"秦王政在位的第四年是个多事之秋，天显异象，诸侯罢兵。国与国之间，处于一个相对平和时期，但是天灾瘟疫却给普天之下的民众带来了无穷无尽的苦难。此时，已家累千金的咸阳商界精英赵朗，拿出百金购买粮食周济包括枣林村在内的终南山脚下村落里的民众，一时之间，众乡邻皆传诵其恩德，更有好事之人越传越神乎，将赵朗说成是天上的神仙，下凡来救民苦难的。这些神异之说传到赵朗那里，他有些担忧：毕竟自己主要身份还是一名商人。自古以来，从商为贱籍，虽尽享钱帛之利，却不足为人道。吕相从政之后，将名下生意逐渐转给宗室子弟，自己专心政务之余，招揽门客，著书立说，不能不说，他的这一举动或多或少地带有淡化自己商人出身的意图。赵朗虽算不上富可敌

秦始皇像

国，但成为吕相堂上贵宾确实为他的生意打开了大好局面。但钱挣得再多，也改不了他是一个因袭父亲二等爵位的"甲士"的事实。而且，赵朗明年就要满十七岁了，正是秦国律法规定的男子服役军中、随时出征的年龄。赵朗不得不再次为谋求更高的政治地位而劳心劳力。

十月，秦国境内发生了一场大灾难：蝗虫自东方而来，人们抬头看去，遮天蔽日的褐色蝗虫如浓云大雾，振翅声轰轰不绝于耳。蝗虫所过之处，草尽木秃，片叶不存。此时正值关中平原秋收之际，地里金灿灿的粟谷还来不及收割，就全进了蝗虫口腹。整个关中平原几乎颗粒无收，饿殍遍野，野狗争食，惨嚎之声昼夜不绝。秦王为鼓励民间将多余存粮捐献出来，下令：百姓缴纳一千石粟米，可进爵一级。赵朗心中清楚，这条号令是针对白身的平民，对于他这样已经有二等爵位在身的"上造"，想要再往上晋一级，成为三级爵"簪袅"，所献出去的，远远不止一千石粟米。思前想后，与赵伯反复推敲，赵朗最终决定：粟米是要捐献的，但辞受官爵。

十月末，赵朗倾大半家资，以咸阳联合商会的名义号召各位有财力的商人，自他国高价购入粮食，向秦国主管商业贸易的少府捐献粟米百万石，解秦国饥荒。秦国君臣闻之大赞，下令晋赵朗二级爵为"不更"。赵朗再拜不受，自请为秦军军需官，募集钱粮，以实军队。秦王大善，下旨嘉奖，以为天下商人表率。

仗义疏财 祸福相倚早图谋

赵朗扬名之时，也有许多人慕其高义，前来依附。赵朗却并没有趁势收留纳为己用，而是或资其财，或助其力，令其有一个足以安身立命的生计。也有完全是同行之中经商遇到困境，来向他借贷，以求东山再起的，赵朗令手下人核实情况，慷慨解囊，少则万钱，多则百金，从不含糊。这样一来，赵朗简直就被人们奉为财神了。尤其是这位财神还特别仗义，民众纷纷传说，咸阳郊外有一位木场主陈九公借了赵"财神"一百金用以开辟新的木场，谁知蝗灾一来，那片山林寸草不留，亏了个血本无归。痛心之余，陈九公因为担心赵朗派人前来讨债而打算举家迁徙。赵朗听说后，亲自去到他家，好言安抚，宾主尽欢，临行之时，赵朗将自己用过的一双木筷拿走，说是这双木筷足以抵百金。陈九公感动得热泪盈眶，声称日后若有差遣，赴汤蹈火，愿誓死追随。

但这位"财神"并非有聚宝盆之类的神器相助，一来二去，身为赵朗事业总管的赵伯不得不提醒说："东家，虽说君子喻于义，小人喻于利，捐献粮食，救济灾民，尚且还是借权贵之手，功名分些与人，可以远害其身；咎罚引些归己，可以修身养性。东家未曾到服役年限，不在军中，却有这等挥金如土、施恩于人的事迹流传于闾巷之间，引得死士相随，恐非明智之举。"

赵朗虚心受教，静下心来仔细反思自己的作为，以及可能在商业同行、咸阳上层权贵中所产生的影响，越想越心惊，真是身处舟中，舟外惊涛骇浪而不自觉。他立刻着手制定补救措施：一、联系咸阳商圈各行业领头人，成立一个总商会，各商户量力而行，每月拿出盈余之若干，成立一个救助会，用现代的话说，就是一个救助基金。商人若有借贷需要，则按照相关程序提出申请，由总商会核发借贷款项。二、国家有大的军事行动，总商会将与军需部门协商资助金银钱粮数额，视个人自愿捐献。这两条措施一出，赵朗已经明确地向当局表明了自己谨慎谦让、不敢居功的态度。吕相在一次召见赵朗的会谈中，笑赞道："赵先生行事有古贤者之风，他日前途不可限量！"赵朗忙恭敬站起，连称不敢。

终究是少年心性，赵朗见自己施行的策略行之有效，不免有些醺醺然，同赵伯谈起时，得意之情溢于言表。不料赵伯冷眼睥睨，许久才道："今日万户侯，明朝尸无全，权臣得势失势，尽在君王一念之间。吕相所行虽颇有收束，但吕氏宗族庞大，齐聚咸阳，难免膏粱纨绔，不肖子孙毁其根基。况吕相于宫闱之中，所行不正。秦王日渐成人，弱冠之后，此乃秦王心中之刺，断然容不得相干人等存活。东家年幼，前些年，这些宫闱秘辛不足与道，来年既是傅籍服役，天下大势也不得不详

31

加考校了。"赵朗以为然，思前想后，对赵伯道："家中凡事要劳烦赵伯费心照料了，朗欲重拾祖业，博个功名，好作长久之计。"

赵伯点头道："东家且放手一搏，家中万事有我。二老及三位小姐衣食无忧，出入有游侠儿守护，无须牵挂。"赵朗心中甚安，当下交割完各项事宜，带着父亲的盔甲和自己平日里收罗来的长剑劲弩，跨上一匹骅骝神驹往咸阳城外蒙骜上将军的大营行去。

秦时兵役制，男子傅籍之后，就近服役。除非国家有大规模的对外军事行动，才在所属郡县的整编下收归各军麾下，最后由上将军统一调度。但由于赵朗有爵位在身，加上他这几年在咸阳乃至整个秦国商人之间的影响，枣林村亭长等已经没有资格将其纳入麾下。故而，赵朗直接投奔咸阳城外大军军营。

蒙骜作为庄襄王时提拔起来的统军将领，数次出征，连克敌人数十城。秦王政登位以后，蒙骜作为秦国三大将军之一，频繁作为对外军事行动的统帅，屡立战功。《史记·蒙恬列传第二十八》载："恬大父蒙骜，自齐事秦昭王，官至上卿。秦庄襄王元年，蒙骜为秦将，伐韩，取成皋、荥阳，作置三川郡。二年，蒙骜攻赵，取三十七城。始皇三年，蒙骜攻韩，取十三城。五年，蒙骜攻魏，取二十城，作置东郡。始皇七年，蒙骜卒。"蒙骜一生见诸史籍记载的九次出征，为秦国攻下七十多座城池，其子蒙武、孙蒙恬，都是秦朝名将，可以说这与蒙骜在世之时立下的军功基础是分不开的。

赵朗站到这位杀伐决断、果断刚毅的将军面前时，感觉他那极富穿透力的眼神如雄鹰一般锐利，只需轻轻一扫，就能直指人心。赵朗自小受父亲影响，对统兵百万的将军有着莫名的英雄崇拜。尽管他曾经面对吕相侃侃而谈，尽管他曾谈笑自若地周旋于咸阳权贵之间，但在这一刹那，他确确实实感受到了一股来自灵魂深处的震撼与压迫，仿佛再被这位将军看上一眼，他便可以拿起武器，任是刀山火海，也会生死无惧地冲杀在前！父亲曾说过他身体里流淌的是秦人勇士的热血，只有战场才是他大放异彩的地方。到了这一刻，赵朗终于相信了这句话。他为找到了人生目标而激动不已。

在赵朗观察蒙骜的同时，这位威武睿智的老将军也在打量这位与当今秦王同岁、未及弱冠即盛名在外的少年。此子与他孙儿蒙恬年纪相仿，但成熟老到之处已经胜过许多官场中人，就他所展现出来的实力，就是做一个统率五百人的军侯也绰绰有余。但少年人未免心性过高，蒙骜有心试试他的斤两："你年纪轻轻，能得朝野上下一致赞誉，必是有过人之处。而今正值多事之秋，国家元气受损，民生凋敝，善战勇武之卒殊难召集，今日本将军提拔你为军侯，予你五百善战之卒的招兵文书，许你三月内招募齐全，你可能办到？"

赵朗只觉脑后凉飕飕的，心中不由得苦笑：看来人生无处不试炼啊。他有说不的权利么？谁给过他退缩和说不的权利么？听这位老将军的口气，他是行也得行，不行硬着头皮也得行：秦律法规定，男子十七岁必须去军中服役。过了年，赵朗就正式满十七岁了，他就算拖得一时，也拖不了一世啊。

"好，以三月为期！"

振臂而呼　沙场点兵显扬名

五百善战之卒……赵朗怀里揣着盖着将军大印的帛书，腰上挂着军侯身份的识别牌，站在咸阳外城门洞里，看着一拨又一拨逃荒而来的百姓，浓黑的眉毛越拧越紧：这一个个百姓目光呆滞，面有菜色，似乎风吹得稍大一些就能散架倒地，叫他从哪里去弄五百名身强体壮的士卒啊？赵朗苦恼得一把揪下帽子，一拳捶在墙壁上。城门的戍卒上下早就被赵朗打通了关节，对这位仗义疏财的"财神"那是热情得很，更何况如今人家可是蒙大将军亲自提拔的军侯，能不赶着巴结吗？见他苦恼，知晓内情的卫戍长凑过来道："赵军侯，想要现招那等合用的壮卒定然不成，不如选取那骨骼粗大、耐力超常的饥民，先养将起来，好酒好肉的款待，顺带着操练武艺，三月之后，何愁得不到勇武善战的健卒？"赵朗哑然失笑："荒年光景，民众食粟米而不得，我又何德何能，能餐餐大鱼大肉地供起五百名壮汉吃用？"卫戍长也觉得这建议有点过了，讪笑着走开了，不敢再打扰这位年轻的军侯大人思虑了。

眼看太阳落西山，城门将要关闭了，赵朗才勉勉强强地招到了十几名骨节粗大、面有煞气的人。据他们自己说，他们原本是游侠儿，因主家败落，不得已来都城谋求生路。赵朗有些犹豫：毕竟游侠之风从春秋时就已盛行，这些人周游于各国之间，受聘于各诸侯权贵或是出得起价钱的平民，无视律法，刺杀绑架无所不为，且最不喜束缚牵绊。他们今日答应从军，难保不是为了一时温饱的权宜之计，而且游侠儿多身怀武艺，实战经验丰富，又怎会服从自己这样年轻且没有上过战场的上级管辖？但哪国的律法都没有明文规定禁止游侠儿参军的。因此，赵朗也没有理由拒绝他们，只好暂且收下了。

西天的云霞染得大地艳红如血，赵朗不得已将这十几名新招收的新兵蛋子带去城外划拨给自己的营地。蒙将军还算讲情面，营房是现成的，没说让他招满人手后自己搭建。要不然赵朗还真得从自己的伐木场里抽调工人来先搭建房子了。听说赵朗在蒙大将军麾下效力，最为开心的要数赵父了。虽然他在长平之战中失却了一臂，但这并不妨碍他对军旅生涯的怀恋。十几年解甲归田的生活，丝毫没有磨灭他的斗志，他将全部心血倾注到了儿子身上。尽管儿子在短短三年之内，声名鹊起，家累万金，全家人衣锦食精，仍然没能让他彻底放开心怀。但儿子从军且很快就统领一军的消息传来，赵父高兴得连喝了三坛陈年好酒，醉了个一天一夜。醒来后，更是披坚执锐，不顾妻子和三个女儿劝阻，来到儿子帐下，宁可做个老军卒也不愿回家享清福。

赵朗既感动又心痛，忙吩咐赵伯调来四名仆役，专门照料父子两人的生活。赵父名副其实地成了他帐中军师。

天刚擦黑，有些沮丧的赵朗跨坐在骅骝驹上，领着十七名落魄游侠儿回来了。赵父迎了出来，声若洪钟，朗声笑道："不错嘛，第一天就招到了十七名，看他们一个个的，还是练家子，儿子，你可赚大发了。"

当着外人的面，赵朗不好抱怨，只得笑笑转移话题："爹，咱们先吃饭吧。"赵父心知儿子有事要和自己商议，点了点头，回身招来一名仆役，着他领着这十七名"大侠"去营房歇息，伙食备足了，让他们吃个尽兴。十七名游侠儿满意地点了点头，跟着去了。不一会儿，士卒营房那边就吵翻了天，伙食房里的四名伙夫外加赵朗带来的四名仆役全都去伺候那十七名大爷去了。军官房内，只留下对着几盘小菜面面相觑的赵氏父子。终于，赵父忍不住了，放下筷子，笑得前仰后合："儿子，你这是请回一堆大爷啊！"

赵朗苦着脸："爹，孩儿已经够苦闷了，你还来笑话？我亮开旗帜招兵，他们要来，条件都很符合，我拿什么理由拒绝？难道说军中不收游侠儿？您就不怕您儿子当场被他们砍了？"

赵父敛住笑声，思忖半晌道："若真是把他们当成大爷供奉起来也未尝没有益处。"他挥手制止儿子想要开口的企图，"你素日所学只是些打熬力气的粗笨功夫，作为马前卒拼杀战场，或可凭借天生蛮力晋升到四级爵。但若要统兵作战，步战、车战、马战，统一调度，你只读过几本兵书，还未曾有实战经验。可千万要以那赵国马服君赵奢之子为戒，凡事需谦虚谨慎，三思而行。游侠儿虽缺乏约束管教，但其刺杀技击之术远非我等行伍士卒可比。战场之上，凶险万端，为将者需具将帅

35

统领之才，还需有精湛武艺傍身，进则为士卒表率，斩将退敌，退则保命全身，不假他人。这十七名游侠儿，观其行止，听其口音，多为鲁地豪侠，若能加以收服，他日战场之上，必可以一当十，成为你手上的奇兵。"或许，就连赵父自己也没有预料到，他的这番话事实上是军事史上最原始的特种兵建设构想。

余下的四百多名士卒的缺额，已经不可能再通过对外招募来完成了。赵父显然早有准备，他只是让赵伯将赵朗升任军侯、需要招纳五百名勇士的消息在咸阳总商会里透露了一下。从第三天开始，陆陆续续有心怀报国从军、杀敌建功的豪情壮志的商人子弟，自备马匹、铠甲武器前来营房报到。这一批能文能武高素质的优良兵员的补入，令赵朗喜出望外。未及两个月，兵员人数已经凑齐。最令赵朗意外的是，当初那个受他百金之恩的木场主陈九公，居然放弃家业，带着三十名家奴一起投奔而来。也正是因为有了陈九公和那一批训练有素、孔武有力的家奴的护持，赵朗才在收服那十七名眼高于顶的游侠儿时省了不少的力气。

最后一个月是集中练兵期。有赵父这位身经百战的老军人在这里督促着操练，口号响彻整个军营。慈不掌兵，赵朗严申军令、狠狠责罚了几名游侠儿和三个娇生惯养、纨绔习气难改的少爷公子之后，咸阳城外，这座新军营里的气象焕然一新，已经有了秦军虎狼之卒的雏形。

三个月的约定期转眼即到。当一身戎装、英姿飒爽的赵朗跨着骅骝神驹，带着身后五百人方阵，整齐地进入蒙骜大将军的视野时，各位裨将军纷纷注目，留神打听这是何人所练之兵。当然最令赵朗想不到的是，他的这次闪亮登场还引起了另外两位重要人物的注意：蒙骜老将军的儿子蒙武，还有那和赵朗同岁的蒙恬。他们此次也来到了阅兵现场。

阅兵式后，赵朗成为最年轻的军侯，再也没有人怀疑他是否能胜任，因为赵朗凭借实力说明了这一点：他指挥骑兵快速穿插奔袭，行进间弯弓搭箭，无一靶落空；十几名身手不凡的轻骑兵表演万军丛中取寇头的绝技。众人对能统领这五百名精英的少年军侯的敬畏之情油然而生。此时，军中也在流传他十四岁经商，十六岁闻达于权贵，被相国奉为贵宾、虚心求教的传奇经历。军队，就是这么一个凭实力说话的地方，尤其秦人尚武，最是崇拜英雄，敬慕英雄。若没有今日校场演兵这一幕，秦军中那些身经百战的高级将领或许会对这个未及弱冠的小小军侯不以为然，但以今日所见再印证往日传闻，就让他们觉得赵朗这个少年深不可测，纷纷起了结交之心。可以说三个月的辛苦没有白费，赵朗为自己的军旅生涯打开了一个十分有利的局面。

叹百姓何辜　弃干戈隐遁世外

"秦王政五年，将军鹜攻魏，定酸枣、燕、虚、长平、雍丘、山阳城，皆拔之，取二十城。初置东郡。冬雷。"

赵朗从军的第二年，即他刚满十七岁的那一年，才从大灾中恢复过来的秦国，出于补充因天灾而歉收、减产的粮食布匹和转移国内剩余劳动力的打算，仅仅在休兵一年之后，便再次发动了对外兼并的战争。这次的目标正是魏国。五年前魏公子信陵君无忌联合东方五国共同抗秦，大破秦军于河外，蒙鹜退军，被五国联军乘胜追至函谷关，两相对峙，秦兵不敢出。此战令蒙鹜深以为恨，发誓要在有生之年一雪前耻。虽然秦国后来用反间计，离间了魏王与信陵君之间的关系，撤换了信陵君，但信陵君一日不死，在诸侯之间的号召力仍在，秦国就不敢轻易举兵。而信陵君在再次遭受魏王猜忌之后，心灰意冷，称病在家，终日沉迷酒色，多近妇人，日夜欢饮，身体很快被酒色掏空，以至于年初猝死。秦国君臣听闻信陵君已死，顿时再无顾虑，立刻命上将军蒙鹜率军攻魏，秦军大胜，连拔二十座城池。

这一年，也是赵朗带领他一手组建的铁骑建立功勋的一年。魏国自

吴起时代屡创佳绩的魏武卒在遇上秦军铁骑时，重装甲成了他们致命的束缚。赵朗不记得他的坐骑骅骝神驹铁蹄之下踏碎了多少魏军的胸膛。战场将人性的脆弱逼到了死角，余下来的只有残忍嗜杀的兽性。青铜长剑砍在魏军重甲之上，剑锋崩坏得已经失去了切割的作用，来不及下来割取敌人的首级以做军功计数。所有的秦军在这场杀戮中化身为收割生命的死神，杀！向前，再向前！

攻到长平时，赵朗已经升为五级爵大夫。这一路大小十几战下来，赵朗帐下凭军功晋升为上造的就有五十人，晋升为簪袅的有十五人，晋升为不更的有四人，除了陈九公以外，另外三位是秦岭一带商家子弟曹宝、萧升、姚迩益。这四人成了赵朗麾下四员猛将。此后，每战必少不了他们，军中戏称他们为"五虎上将"。

长平的特殊之处，在于这里是赵朗之父结束军旅生涯、抱恨而归的地方，也是秦将白起坑杀赵国四十五万降卒的地方。站在凄风惨惨、似有无数冤魂盘旋上空的封土堆前，赵朗父子沉默了许久。秦王有席卷天下、包举宇内、并吞八荒、囊括四海之心，可百姓何辜，遭此兵戈之祸？白骨遍于野，千里无鸡鸣。这一路杀来，血流成河，加官进爵、扬名立万真的那么重要吗？赵朗的信念有些动摇，更有些茫然。若是他在参军时，只是个不谙世事的毛头小子，或许危险与机遇并存，凭军功进爵的自豪确实可以鼓舞他一直战斗下去，拼杀下去，直到某一天被敌人斩杀，头颅成为对方加官晋爵的筹码……可赵朗不是！荣华富贵，尊显荣耀，在从军之前，他就已经凭借自己的才识得到过，而且还远远大于父亲对自己的期望值。他虽好武但不嗜杀，战争把人活生生变成杀戮的机器，在军功的驱使下，甚至有己方的士兵为争夺敌人首级而相互砍杀的。赵朗亲见一个偏将斩杀了两名因为争抢首级而斗殴的秦军。

鼻尖嗅着似乎仍散发着血腥腐臭味的泥土气息，突然之间，赵朗只觉得疲惫，对这世间充满了厌弃感。他开始怀念家乡附近终南山上楼观里的晨钟暮鼓，回想起来，最平静安详的日子，却是在终南山北坡伐木场的那一年……

蒙骜大军攻到山阳城时，赵朗及其手下四名心腹爱将陈九公、曹宝、萧升、姚迩益于乱军之中失踪了。那一战打得甚为惨烈，黄河水面流血飘橹，许许多多秦国和魏国军士就这样葬身波涛，尸骨无存。战后清点人数，发现赵朗之父已于长平之战后返回咸阳，随后不久，赵朗家人悄然不知去向。蒙骜心知有异，但苦于无凭无据，况且爱惜赵朗之才，便报了个战死。田峪河东岸的枣林村赵氏族人接到讣告，哀切之余，深深地怀念着这位集商人与军人功绩于一身的同族，因其官至大夫，便将村名改为赵大夫村，传承到后来，也称为赵大村。近代以来，村人有误传为赵代村，显是"大夫"的音误。

历史上真实存在的赵公明①其人其事并未记入史书，其中一个很重要的原因是史书只注重帝王将相的事略功绩，像赵公明这种出自民间的杰出人物，即使有所提及，也只是只言片语。此外，赵公明是商人出身，虽然从军，但官爵仅止于大夫，还是算在低等爵位里面，正史当然吝于笔墨。但是不可否认，赵公明确实是一位经商奇才，讲信修义，取财有道，仗义疏财，悲悯众生。人们感念他的恩德，并出于对他经商致富的传奇经历的仰慕，口口相传时，逐渐将其神化，成为专司财富的财神。演变到后来，道教中关于赵公明修道的记载越来越多，民间财神信仰也多记起神迹，对历史上真实的赵公明反而淡忘了。

---

①古时男子二十而加冠，意为成年，由长辈于名之外再起一个字。赵公明，姓赵名朗，又名玄朗，字公明。故事演绎中，赵公明是未满弱冠之年，故一直称呼其名，而不称其字公明。

第四节
位正财神　供奉永享

供奉财神表达了人们祈福求财的愿望。人人都希望有足够的财富，可以过上富裕安定的日子。财神供奉从古至今，历久不衰，到了近十几年，民间财神供奉行为可以说是愈演愈烈。不少家庭、商铺中有供奉财神神像的，有安放财神神位的，或者干脆贴上财神年画，请财神入门。

民间供奉财神，除了要像供奉其他神灵那样虔诚外，还有许多讲究和禁忌。相传供奉正财神赵公明时，财神的面不可以朝内，只能面朝宅外，以镇压邪佞，让邪魔不敢入宅，而且不能同时供奉两位武财神①。

请财神有许多讲究。通常来说，适宜供奉文财神的，是从事文职类的工作、从事稳定工作或受雇于人的人。而经商创业、从政从军带有武职特性的，多供奉武财神。赵公明作为正财神，就没有这么细致的区分。

迎请恭奉　道法有遁

财神供奉之前都要举行开光仪式，所谓开光也就是分灵，俗称分炉，即让其富有神性，发挥神的作用。如果不开光，那么供奉者请回来的只能算作是一件工艺品，而不是财神，就不具有招财进宝的灵验功能了。此外，因为财神是道教俗神，故而需请具备一定修为的道士来开光后，神像才具有神性。

开光仪式

给正财神赵公明开光之前，要准备好呈送给赵公玄坛大元帅以及抄报给三清大帝的表文。表文里要写明白谁祈求为财神开光，在哪里开光，开光具体日期。把要开光的赵公明神像拿到道观里，供奉在头戴铁冠、

①除了武财神关云长以外，正财神赵公明因是武将出身，也被称为武财神。

手持钢鞭、骑黑虎威风凛凛的正财神赵公元帅面前，备足四样水果、四样糕点，还有三牲之礼①，点上香烛，这样准备工作就算完成了。开光仪式共需要九个道士，即一个法师、四个班首、一个钟鼓、两个音乐伴奏、一个职坛。法师穿上八卦衣，脚踏云靴，头戴大角巾。班首应头戴九梁巾，身穿绘有百寿图的班衣。供奉者，也称斋主，要跟随法师行礼。开光仪式在细乐声中开始，法师以禹步法登坛向赵公明行三礼。所谓禹步，是道教里道士在祷神仪式中常用的一种步法动作。传说是夏禹所创，故此得名。东晋葛洪《仙药》卷："禹步法：前举左，右过左，左就右。次举右，左过右，右就左。次举右，右过左，左就右。如此三步，当满二丈一尺，后有九迹。"

法师之外的众人两侧排班，随同三礼一起唱："太极分高厚，轻清上属天。人能修至道，身乃作真仙。行溢三千数，时丁四万年。丹台开宝笈，金口为流传。"齐唱："祥烟馥郁，瑞气氤氲。罗天海遍遥闻，列圣尽来临。赐福乾坤，大地获清宁。大圣香云达信大天尊。"唱念结合，即念出供奉者姓名住所以及所希求的人的名字。最关键的是要为财神神像开光。法师用洁净的毛巾为神像修饰仪容，朱笔点光，点睛画眉，点嘴、耳、额，用镜子②定光。法师边操作边疾速默念："天祇天光，地祇地光，神祇金光，金光速现，速现金光。"一口气念上三遍。紧接着就是一些常规的祈福祝愿了，如国泰民安、风调雨顺、五谷丰登、财源茂盛、正道兴行等。这一系列过程将会持续四十五分钟左右，结束后，供奉者可以恭恭敬敬地将开过光的赵公明财神像请回自家神龛中供奉了。

财神请回来后，如何摆设也有许多禁忌和讲究。财神底坐下有孔，需将五谷纳入神像腹中，有讲究的人还要将大面额的钞票放进去，以示财神经常是钱财不离身，始终带财。放入五谷，意为从此给财神安上了

---

①三牲最早是指三种活的牲畜，大三牲通常是猪牛羊，小三牲通常是指鸡鱼猪。开光仪式中所用的三牲，视情况而定。
②易学名师杨有学描述开光中镜子的用法是：用大圆镜一面，在日光反向处回光照射财神面部，用朱砂笔点开财神天目（印堂），之后再点财神双目。宅长此时必须站在财神对面，让财神睁开眼睛看到的第一个人就是自己。此时财神面部的光已经半阴半阳，为太阴太阳过宫的界线。

民间五脏，时刻关心人间五谷的丰收。做完这些，一些禁忌就需要知晓了。所谓禁忌，字面上来看，是表示禁止和抑制。禁忌的产生可来源于四个方面，即对神灵和超自然力的敬畏和崇拜，对于于理不合的欲望的克制，对于庄重仪式的恪守和服从，以及人们对教训的总结和汲取。所以民间对于有关鬼神先人供奉祭拜的仪式，禁忌很多，且相当严肃，一点也不敢马虎。人们深信，如果犯了这些禁忌，会招致神灵或祖先对自己的不满，家宅不顺，乃至大祸临头都有可能。汉代王充《论衡·辩祟篇》："世俗信祸祟，以为人之疾病死亡，及更患被罪，戮辱欢笑，皆有所犯。起功、移徙、祭祀、丧葬、行作、入官、嫁娶，不择吉日，不避岁月，触鬼逢神，忌时相害。故发病生祸法，缠法入罪，至于死亡，殚家灭门，皆不慎重，犯触忌讳之所致也。"谨守禁忌表现在语言和行为上，即不说、不做。

财神供奉除了有通常的神佛供奉的禁忌以外，还有些方位的禁忌、供奉果品的讲究等。我国北方，大多供奉正财神赵公明，因其为武将出身，也有称其为武财神的。家中有一尊威风凛凛的武财神在，邪佞妖魔不敢入宅，小人不敢来横生是非，自然生意兴隆，财源广进。

在风水学上，一些风水学大师还提出"五宜六忌"①。供奉财神的位置适宜明亮不适宜昏暗，明为阳，寓意生机勃勃，所以供奉财神像的地方应该有阳光或日光灯照射，使其处于生旺位。其次，财神所处的位置应有生机，故而摆放一些常绿植物的盆景十分必要，尤其以叶大或叶厚的黄金葛、橡胶树及巴西铁树等最适宜。但要注意，这些植物应该用泥土来培植，若用水养则不宜。仙人掌类植物切忌摆放，因为这会弄巧成拙。再次，财位宜坐，即财位是一家当中财气所凝聚的方位，所以将坐具（如沙发）放在财位，一家人坐下来休息时，可以多沾沾财气，自然而然就会家财兴旺。若不放坐具，放饭桌在财位也很有裨益。更进

---

①摘自慧缘所著《慧缘风水学》

一步，人一生大约有三分之一的时间是用在睡眠上的，因此对于卧具及其方位的讲究很早就有专门的研究和论述，床的方位吉凶对运程有很大影响。八卦八门里的惊、伤、景、杜、生、死、开、休，就将方位与吉凶之间的关系都阐述得很明白。如果睡床摆放的方位能处在生财之位，夜夜安寝，自然对财运有所助益。最后，财位是一家当中旺气所凝聚之地，财神像放在这里，属于锦上添花，是旺上加旺的好势头。

"财位六忌"指的是：

1．财位忌压。风水学上认为，财位受压是绝对不适宜的，如果将沉重的大衣柜、书柜或储物柜、组合柜等压在财位，便会对这套居所的财运有损无益。

2．财位忌水。财位不宜摆放鱼缸或用水培养的植物，因为风水上有"见财化水"一说。民间谚语形容事不可为、毫无进益时所说的"竹篮打水一场空"与这个说法同理，故而财神不可见水。

3．财位忌空。财位背后宜有坚固的墙，因为象征有靠山可倚，无后顾之忧，这样可藏风聚气。反之，若财位背后是阳台或玻璃窗等空或透明的所在，不但难以积聚财富，还会因为泄了财气而有破财之虞。

4．财位忌冲。风水学最忌尖角冲射，故财位附近不宜有尖角，以免影响财运。一般来讲，尖角越是接近财位，它冲射的力量就越大。

5．财位忌污。倘若厕所浴室在财位，或杂物放在财位，便会污损财位，令财运大打折扣，不仅不能起到招财进宝的作用，反而还会令家财损耗。

6．财位忌暗。财位昏暗则暮气沉沉，有滞财运，需点长明灯化解。现代社会人们也有用白炽灯管和电灯来替代长明灯的，这样增加了明度，对财位也大有益处。灯的数目应以一盏、三盏、四盏、九盏为宜。

我们详细讲述了如何供奉财神，并不是宣扬只要大家照着做，就一定能财源广进，一跃而成巨富。只是民间财神信仰在长期的历史发展和演变中，已经形成了这样一整套完善的体系，成了独特的民俗财神文化。人们只需稍加理性思考，就应该明白财富不是关起门来上香上供求来的，而是要靠勤劳的汗水、睿智的头脑去获得。贵州普定财神庙有一副楹联说得好：富而可求，求人不如求己；物惟其有，有德自然有财。这就说到正确财富观上了。"君子爱财，取之有道"，既提出了德行操守上的要求，也谈到了能力的重要性。若是财神不问青红皂白，谁来求财便予谁财富，那这买卖也太划算了，天下人也不用"天下熙熙皆为利来，天下攘攘皆为利往"。近代人吴信辰借正财神赵公明之口戏谑地调侃了那些妄想不劳而获的人："只有几文钱，你也求他也求，给谁是好；不做半点事，朝来拜夕来拜，教我为难。"

说到这里，倒有一则民间故事对财神降财的原则，作了很形象的描述。

话说很久以前，财神爷和财神奶奶住在一起，日子过得磕磕碰碰很不和谐，为什么呢？原来财神爷每天一大早就出门散财，天色漆黑才回家，披星戴月，废寝忘食。渐渐地，独自在家的财神奶奶有了意见，她只见早上财神爷带着满满的一袋金银珠宝，说是奉旨去散发，晚上回来一块都不剩。问他这些钱财都去哪里了，财神爷却总是含糊其辞，说去了该去的地方，散给了有缘人。这不是敷衍人吗？财神奶奶更加不满了。

空闲的时候，财神奶奶也化作尘世中人，到城市里一转，发现穷人还是很多，食不果腹，衣不蔽体，有的甚至还要卖儿卖女来换取钱粮。财神奶奶心生恻隐，同时也暗想，如果财神爷每天拿出去的那袋金银珠宝有一点点能发给这些人，那他们的境地也不至于这么凄惨啊。尤其是那些露宿街头、随时会冻饿而死的乞丐，所求者，不过一天之中能有一顿饱腹。这些只需要当家的拿出一点钱财来，就能做出了不起的功德。

想到这里，财神奶奶信心满满，干劲十足。当晚，财神爷一进门，财神奶奶就直截了当地说，她也想分管散财的事务。财神爷当然不同意，最后被缠磨得不耐烦了，甩出一句："这降财散财的工作不是谁都能做的，弄不好给人家送了财，反而会招致大祸！"财神奶奶气极反笑："那些人只不过是为了能够生存下去，也不贪多，给他们足够一个月的吃食的钱，还会有什么大祸？你不过是借故推托罢了。"财神爷没办法，当即摔给她几块碎银子："这些就是足够两个人吃三两月白米的钱，你去分分看。"

财神奶奶

"去就去！"财神奶奶揣起银子，赌气出了门。这时候天早就黑了，夜间宵禁，也没有什么行人，她去哪里散财呢？财神奶奶有些犯难了，隐了身形出了城，远远地看见一座破山神庙里有火光，进去一看，原来是两个衣衫破烂的乞丐生起了火堆，挤在一起睡觉。财神奶奶大喜：这可不就是最合适的对象么？她将三个银锭子放在山神庙前的破旧供桌上，心满意足地回了家，还不忘向财神爷炫耀了一番，财神爷笑着说："现在下结论还为时尚早，且看明日吧。"财神奶奶虽然不悦，可也无话反驳，只好闷闷地睡了。第二天赶个大早起来，去看那两个受她资助的乞丐有什么动静，谁知去到那里却发现两个乞丐僵挺挺地死在了地上。这下财神奶奶傻眼了，回家来还未开口，财神爷慢条斯理道："小人乍富，不义之心难防。那两个乞丐困窘日久，突然有这么一笔飞来横财，就动起了别样的心思。谁都想多享受几日饱腹的生活，都想将那三锭银子独吞，一个出门买酒食，暗中下毒；一个庙里生火，包藏祸心。留守的乞丐打死了买食的乞丐，却贪吃了他买回来的食物，也中毒而亡。你这哪里是送财上门，分明是送催命符嘛。" 财神奶奶哑口无言，从此以后，对于财神爷的日常工作再也不敢指手画脚，民间也从此只供财神爷不供奉财神奶奶了。

故里探源　兴衰荣辱为哪般

前面我们提到，正财神赵公明的故里是陕西省周至县赵代村。查考当地县志，赵代村也曾叫枣林村、瓦子岗、终南山等。了解赵代村村名的演变可以让我们更透彻地理解正财神赵公明的故里所传承的财神文化风俗。

《封神榜》中赵公明的第一句唱词"家住周至枣林村（川、滩）"，涉及赵大村周围的地名演变。后因生于秦代的赵公明官至五等爵大夫，故而称为赵大夫村，简称赵大村。也有人据后来道教中赵公明获封"金龙如意正一龙虎玄坛真君"，称正一玄坛龙虎大元帅，推测赵大村的村名是根据这个封号简化而来。"大"字念"dà"，也念"dài"。20世纪50年代，当时村民们将赵大村误写成赵"代"村，周围村民仍称其赵大村。也有说秦朝爵位制中"大夫"的"大"本来念"代"，故有此误传。

"枣林村"一名，则完全是根据赵代村周围的地理环境和植被特色来定的。赵代村西临关中大河田峪河，因河滩沙石形成广阔的荒漠，野生的酸枣树十分茂密。俯瞰田峪河以东，可见赵代村就掩映在一片茂盛的枣林中。

元代赵代村分为东社、西社，寨东叫东社，曾称瓦子岗、瓦岗寨。我们不妨推测：财神自诞生之日起，深得民心，受到故乡及周围地区民众推崇和敬仰。尽管历代的财神庙宇屡建屡毁，待时局稍定，金光灿灿的财神庙照样在财神故里立起来，旧的残瓦碎砖运到东面堆叠起来，成了瓦砾岗，于是有了这样的称谓。

新中国成立后，在破四旧、立四新运动中，赵代村财神庙也在劫难逃。庙里的财神像及众多的文物被毁坏，残破废弃的财神庙被蜘蛛网尘封起来，甚至为了有效利用，曾用来充当学堂校舍、储物仓库。"文革"期间，赵代村独特的财神文化再次遭到严重摧残。随着时间的推移，赵公明财神故里渐渐淡出人们的记忆。

几十年过去了，如今赵大村财神庙却远近闻名，香火旺盛。每年世界各地的华人及港、澳、台香客组团前来祭拜，络绎不绝。2008年9月16日，财神庙被列为陕西省第五批重点文物保护单位。赵代村能有这样的改变，我们不得不说起当地一位颇有见识的民间志士——李巨才所作出的贡献。

明万历九年，当地村民李可嘉捐地，并组织重修财神庙，随之整理的还有一大批有关财神赵公明的史料及文物，李家视为珍宝，子孙代代传承。当传到第十代传人时，"文革"开始了，李家后人将这些珍贵的史料和文物妥善珍藏了起来，一藏就是几十年。

李巨才

1986年，全国编写地方志，教育部门也要求学校写校史。当时，李可嘉的第十一代传人，三十二岁的李巨才，正在赵代村小学任教。由于他对村史了解得比较多，写校史的任务就落在了他的肩上。随着秦腔古典剧被搬上舞台，他大胆地公布：赵代村小学前身所在的庙宇为财神庙。

1991年农历二月初二，殿镇龙王会向田峪河流域各村下请帖，邀请各村参加龙王会庆典。李巨才组织村民，以赵代神虎会向殿镇龙王会送

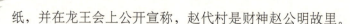

（decorative header）

纸，并在龙王会上公开宣称，赵代村是财神赵公明故里。

1996年，李巨才参加陕西省美术学院农民画习作培训时，学院丁济棠教授让学员挖掘当地特色。李巨才参照祖上流传下来的赵公明塑像，绘成财神爷像，作为实习作品上交省美院，受到省美术界人士的赞扬。

1998年正月十六，李巨才将有关财神的资料整理后邮寄给了西安旅行社的肖枫。

1998年农历三月十二，赵代村是财神故里的消息传扬到海外，引来台商投资，打算重建财神庙。从此，财神故里赵代村进入国人视野。

全国的财神庙宇不胜枚举，从繁华都市到穷乡僻壤，从富商大贾到市井小民，大多供奉赵公明，祈求财神赐福降财，保佑自己财运旺盛，大吉大利。尤其是每年除夕，祖国大地，无论南北，家家户户都有吃饺子的习俗，据说饺子就是元宝的象征。入夜以后，家里会安排人守岁，彻夜不眠，好赶在新年第一天的凌晨迎接财神。这时候，那些贫寒子弟、街头小贩等装扮成财神，带上财神年画，挨家挨户地敲门，名曰：送财神了。这时候主家是绝对不能将他们往外赶的，必须将"财神"接引到家，花钱将那些财神年画买下来。一个晚上下来，有的人家要接上几十张财神画像。但大伙儿也没有什么不乐意的，毕竟"财神到家，越过越发"嘛。

祭祀赵公明，还有农历大年初一争烧头炷香的习俗。村民半夜起身，冒着严寒赶路，来到财神庙外，伫立守候，等到公鸡唱响头一遍的时候，就争相拥进财神庙，燃起一炷香，恭敬地献给赵公明。据说第一炷香能给全家带来一年的好

陕西新建楼观财神文化区

运。除年节外，其他月份的初一、十五也有村民前往敬奉。

如今，民间信仰、供奉财神赵公明的行为在港澳台地区及东南亚都大为盛行。台湾大里市佑福宫有近百万人信奉财神，赵氏后裔《百家姓》中有奉财神赵公明为赵姓始祖一说，也以赵公明为荣，他们从20世纪80年代末起，在大陆艰辛寻觅赵公明故里十余年。西安一家旅行社的市场部经理看到了《财神老家赵大村》、《车过财神赵大村》等文，后又读到1999年《西安晚报》刊登的头版文章《周至银行干部（王安泉）考证出赵公明出生地——"财神"老家赵大村》，旅行社及时将这些信息转告大里市台胞。

台湾大里市的信众和赵氏后裔奔走相告，喜出望外，许多人发愿要到西安周至赵代村进香祭拜赵公明。1998年3月，大里市佑福宫首次组织财神拜谒团，在导游的引领下，到达赵代村。他们抚摸着古石碑和财神庙的砖、柱、门，十分激动。拜谒团在古庙前举行了隆重的拜祭先祖赵公明的仪式，并当场捐出人民币7万余元，用于新修财神庙。此后，大里市的台胞每年都组成近百人的进香团来赵代村祭拜财神。

根据前面的考证论述，赵公明的正财神神格演变在明代中期趋于成熟和完善，正财神地位也由此确立，故而可以推测，民间普遍祭祀赵公明应始于这个时间前后。我们熟悉的赵公明的图腾造型为：头戴铁冠，身披战甲，手握钢鞭，黑面浓须，威风凛凛。本尊周围常画有聚宝盆、大元宝、宝珠、珊瑚之类。这既继承了其武将身份，也表明了他成为正财神后专司买卖求财的神职。

赵公明隐居得道的终南山，就是赵代村南五里的秦岭山脉，古称终南山。赵代村北四五里的终南镇，就是依此山而命名。从汉代一直到北魏时期，该地区在行政区划上属于终南县。唐朝武德九年（626年）二月十五日建立的《大唐宗圣观记》碑石上记载："兹观中分秦甸，面距终南。东眺骊峰……"唐朝天宝六年（742年）七月十五日建立的《玄元灵应颂》碑上记："终南之北洞真境，关令尹喜宅兹岭。"唐朝贞元十二年（796年），周至县令裴均在县城修建了富丽堂皇的终南山祠，请大文学家柳宗元作了《终南山祠记》一文。周至周围数县的群众还简称终南山为南山。古诗中也多次提到终南山，明朝何景明任陕西提学副使，游楼观作《大秦寺》诗，首句"终南佳气郁苍苍"；明王元凯官至兵科给事中，作《仙游寺》诗，首句"此寺终南第一山"；明代程杬任陕西总督，游周至楼观作《说经台》诗，首句便是"绀殿终南下"；康熙六十年任周至知县的董沽作有《终南怀古》诗；清初诗人李柏游周至作《客赵氏终南别墅》；清朝雍正十三年任周至知县的杨绎，作有《游终南山》四首，描写周至南山的景色，"终南一夜潇潇雨，半入秦川半汉江"，写秦岭南北的特点。这样的例子还有很多。

楼观台碑石中，有元代至元十九年《终南山楼观宗圣宫提点成公先生墓志》、《终南山宗圣宫石公道行记》。还有《大元重修古楼观宗圣宫记》说："终南山者，中国之巨镇也……古楼观者……终南名胜之尤者也。"还有时代不详的《终南山古楼观道祖说经台之山图》等碑，可证实终南山的确是指赵代村以南一带的秦岭。赵代村距西南的楼观台仅2公里。

古文献和古诗中提到赵公明是在终南山得道，佐证了赵公明出生在道教祖庭楼观台东北处赵代村并在楼观和田峪道观中隐修的史实。

到了这里，财神赵公明身世之谜已经渐渐浮出水面，赵代村作为财神故里，这是没有异议的。关于赵公明生活的年代，经过我们的考证，已经确定其生于秦代这一说法最为可信，同时根据后世流传的赵公明从商从军从政的经历，我们也可大胆假设历史上的赵公明与千古一帝秦始皇所处的时代一致。

两千多年来，几经战火，赵代村中有关赵公明的文物，流传下来的已经少之又少。现在我们能看到的只有几块碑石，以及墓中出土的文物。

前面提过赵代村赵公明庙前，有一方石碑，碑文说：楼观"说经台东北焉，尚曰赵大村，旧有玄坛神庙，财神生于斯也。庙不知创自何代，迄今倾圮……赵公明由秦至今……号为黑虎玄坛，上帝嘉其功……"碑立于明万历九年（1581年）八月十五日。碑额高0.5米，宽0.73米，碑身高1.51米，厚0.19米。碑阴刻有重修时捐资人的住址、姓名和捐资数目。这方碑石最为重要的文字，首先是"财神生于斯也"，明确记载赵代村是财神赵公明的诞生地。其次是"庙不知创自何代"，说明财神庙始建年代不详。三是记载赵公明是秦代人。四是记载道教封赵公明为黑虎玄坛赵公元帅。这方碑石在赵公明故里的珍贵性自不必说。

20世纪90年代，财神赵公明庙只是一座砖石木结构、坐北朝南的不起眼的庙宇。庙有三间，梁架式，硬山墙。正中脊檩的松木枋板下，楷书一行"大清光绪戊子年吉日"的大字，光绪戊子年即清光绪十四年（1888年）。由这一行字推断，财神赵公明庙在这一年重修无疑。庙内山墙顶部保存着四处十分完整的三角形壁画，线条大气通畅，构图疏密得当，墨线生动，所画人物尤见功力。后据专家考证，断定为元代壁画。

财神庙南檐上的枋板，也绘有彩图。其人物鸟兽，色彩斑斓，虽有剥落残缺，其神采气韵生动之处，仍令人赞叹。财神庙山墙厚0.92米，长10.6米，檐口高3.4米，台阶高0.4米。院内存有石雕旗杆底座2个，铁旗杆原高数丈，可惜所饰铁艺、方斗等物已经被毁。村中老人回忆，财神庙院中原先建有厢房、门楼、照壁、古井台等，布局紧凑合理。清朝乾隆初年的县令邹儒主修的《周至县志》记："惟村内（赵大村）有赵元帅庙一所，邑人谓神像即肉身。"后来庙院中古代的厢房、照壁、古井台、神像均已被毁。

51

唐代制式开元通宝

20世纪90年代中期，人们在精神领域转向了对传统文化的回归，财神文化也日渐为人们所重视。赵代村的村民们重修了赵公明庙。紧挨着原来的庙宇，在南面又新建财神庙殿宇三间，并请著名书法家石宪章先生题了字。此外，还修缮了原来的三间古庙，赵公元帅庙焕然一新，供奉的赵公明神像别具风采，左右是他的四位部将，俗称四位财富副神：东路财神招宝天尊萧升、西路财神纳珍天尊曹宝、南路财神招财使者陈九公、北路财神利市仙官姚少司。

赵代村东面有一条小河，蜿蜒曲折，北流入渭水，河西有一高阜，阜中有古墓，即为财神赵公明墓。原来的封土堆十分高大，墓前有一亭，亭前有碑，均毁于20世纪70年代。《周至县志·古迹》载："赵元帅墓，在县东南三十五里赵大村。"清乾隆十二年，知县曾修葺赵公明墓，筑围墙保护财神庙。"文革"中赵公明墓被开挖，从中出土瓷瓮一口，高约0.6米，径约0.5米，被挖墓者砸毁，瓮中滚出无数石绿色的铜钱，挖墓者按废铜处理，将铜钱售给废品收购站。当时赵代村有一长者对其十分珍爱，趁人不备，从中拿出五枚铜钱，藏于他处。据当时在现场的人事后回忆：瓷瓮中的铜钱都是唐朝钱，发青发绿，外轮内边的棱棱没有磨损一点儿。那幸存的五枚铜钱，经考证，确实为唐朝开元通宝，品相极佳，虽经把玩磨损，铜锈石绿依然残存，二枚星纹，三枚月纹。这说明赵公明墓至少是在唐朝开元年间入藏铜钱的。

走访赵代村中目击开挖赵公明墓的长者，均说在墓中还出土有砚台、墨碇、陶器、石夯等文物，还有用于墓中起券的砖、石等材料。但这些珍贵的文物遗迹我们如今已无缘再见了，后世子孙也只能口耳相传、遥想其风采了。

赵公元帅　财神庙会如是观

云南凤庆县财神殿及庙会

甘振华在《火烧财神殿》中描述了新中国成立前云南省凤庆县财神殿的创建及庙会的盛况。这里的财神殿坐东向西，整个殿宇院落占地面积近400平方米。正面是雄伟的大殿，左右两边是一楼一底共八格的厢房，对面楼上是戏台，楼下是大门，两边与厢房连通，直串大殿，老百姓称之为"走马串阁楼"。当时大殿上并未供奉财神爷的圣像，只是在中央树了一块高2米、宽80厘米的木头牌位，中间刻着"赵公元帅之神位"字样。两边雕龙刻凤，再用油漆铜粉精心美化，看上去庄严肃穆。

设立财神爷赵公元帅的牌位后，财神殿里十分热闹，每日有专职的庙祝照管，三牲果品、香烛供奉从无间断，心怀祈愿、来拜财神的人络绎不绝。自从财神殿落成后，赵公元帅在当地显赫一时，连被人们尊为关圣帝君的关二爷也难望其项背。这里每年三月十五（各地区举行财神庙会的时间很杂，但供奉正财神赵公明的地区，于财神诞辰三月十五日举行庙会的风俗是一致的）举行的财神庙会，更是热闹非凡。

当地人十分看重这场盛会，无论老少贫富，都乐意参与进来。盛会由县里商会负责收入支出统筹安排等事宜，因为是打着给财神庆生的旗号，县衙里的县太爷、师爷、差头，城里商号店铺里的掌柜、先生、伙计，乃至大户人家的

财神发红包

53

的少爷、太太、小姐们，甚至还有街头小贩、乡村闲汉等等，都不愿放过这一年一度给财神爷敬香磕头、祈福求财的好机会。对于国人来说，财运总是一种神秘而又令人向往的东西，人们将其想象成财神对于民间众生的恩赐，故而人人都愿意在这一天沾沾财神的福气，令自己的财运旺盛一些。

这是一项民间自发组织的活动，不论什么身份，只要出了份子钱就可以参加。有不少人平时省吃俭用也要积攒下份子钱，兴高采烈地来参加这一年一度的庆祝财神诞辰的庙会。大家敬了香①磕了头，放完了鞭炮，七八十桌酒席已经摆好。大殿上是官绅、富商大贾的专席，厢房楼上是掌柜、先生、太太、小姐的雅座，厢房楼下是穷三下四的人的末座。香客们落座后，一时间吆五喝六、猜拳行令，热闹非凡。因为机会难得，所以定要一醉方休。

三教合一的杭州灵顺寺财神殿

杭州北高峰灵顺寺，始建于东晋咸和年间，是印度高僧慧理和尚在杭州所建五灵（灵鹫、灵隐、灵峰、灵顺、灵山）之一，距今1600余年。唐朝天宝年间，寺中僧人子捷在灵顺寺旁建北高峰塔，灵顺寺即成为该塔塔院。明代江南才子徐文长游览此地时称该寺所供奉的财神为其平生所仅见，兴之所至，挥毫泼墨，留下"天下第一财神"六个大字，刻匾存留于寺中。在这里，财神文化典型地体现了我国唐宋以来民间信仰中"三教合一"的特色。

因传闻正月初五日是财神的诞辰，每年春节期间，来灵顺寺祈财的香客络绎不绝，香火旺盛。每年的春季，是杭州地区所谓的"春香"季节，各地香客也是成群结队、络绎不绝地前来敬香，场面蔚为壮观。

整个财神庙的结构：左边是武财神关云长的府邸，中间是一个香坛，终年烟雾袅绕，信众们双手合十，虔诚祷告。绕过香坛，再进去就

---

①摘自云南凤庆县文史资料编委会《凤庆文史资料》

是正殿了，中间供着一尊约六七米高的"财神真君"赵公明神像。民间盛传赵公明经商时，始终遵循"君子爱财取之有道"的原则，主张义中求利、公平买卖，把道德、信誉放在首位，因此生意兴隆。后来看破红尘，避世修道，隐入终南山，后羽化升仙，修成了驱雷役电、呼风唤雨、除瘟剪疾、保病禳灾的道术，得到玉帝赏识，被先后敕封

杭州灵顺寺天下第一财神匾

为"神霄宝殿主领雷霆付帅"、"值殿大将军"、"上清正一玄坛飞虎金轮执法赵元帅"。《封神演义》中姜子牙奉元始天尊敕命封神，赵公明获封"财神真君"的封号，统帅招宝天尊、纳珍天尊、招财使者、利市仙官四位正神。五路财神各司其职，赵公明位居正财神，统摄东南西北四路副财神，故而也有称赵公明为中路财神的。因苏浙沪一带传说赵公明生于除夕子夜时分，所以商人们在除夕夜都要在家坐到天亮，好赶个大早，第一个迎接财神降临。在这座财神庙中，除了供奉正财神外，旁边还供奉了许多小神，有寿星、禄神、福神、平安神、医神、喜神、招宝、纳珍、招财、利市、和合二仙等，还有一些很少见的，如鲤鱼跳龙门、麒麟送子、月下老人等。

贰

忠义武财神关云长

武财神关云长

　　关羽，民间也称关公，是中国民间乃至世界华人圈里普遍供奉的神祇之一。清代蒲松龄《聊斋志异》中写道："故佛道中唯观自在，仙道中唯纯阳子，神道中唯伏魔帝，此三圣愿为宏大，欲普度三千大世界，拔尽一切苦恼，以是故祥云宝马，常杂处人间，与人最近。"这里的伏魔帝即关帝君关羽。

晋代陈寿《三国志·关张马黄赵传》中有对关羽事迹的记载，但真正成就其盛名的，却要归功于那部家喻户晓的《三国志通俗演义》了，近人简称为《三国演义》。民间戏曲中以三国故事为蓝本创作的大量剧本，也对关羽形象和神迹的深入人心起到了推波助澜的作用。

第一节
少年关羽　从军遇刘备

公元162年农历六月，山西运城，上午还是骄阳似火，中午就成倾盆大雨了。天气突变可苦了躺在床上的妇人，即将临盆的她被剧痛折腾得满头大汗，似乎就要耗尽全身的精力了。大雨忽然间停了，天边还挂起一道彩虹，也就在此刻，一阵清脆的哭声响起，一个新生命呱呱坠地。这是个巨婴，足有十余斤重。"是个儿子，他爹，是个儿子呢！"妇人顾不上剧痛，一脸的汗水也没遮住从内心深处荡漾出来的幸福。

妇人口中的孩子他爹是关毅，也就是后来叱咤风云的一代名将关羽的父亲。关毅是农夫出身，家中贫困，根本没钱送关羽去读书，只能让他当个放牛娃。只是关羽自幼好学，总借着放牛的时间在私塾外偷听先生讲课。从小记性就特别好的他，对听到的东西过耳不忘，尤其对《春秋》上的忠臣义士故事感兴趣。传说，关羽到了晚年，还对书中记载的故事倒背如流。关羽不只在记忆上有天赋，在武学上的天赋也极高，他自己摸索了一套劈柴割草刀法，这为他后来成为一代名将打下了坚实的基础。后来他杀敌就像割草一样，也是源于少年时期的勤学苦练和不断摸索，无师自通。

又有传说称关羽最早并不姓关，只是后来因为杀了人才改姓关。那年关羽十九岁，到解州城想求见郡守，陈述自己的报国之志。可是郡守因为他是无名之辈，拒不接见。当晚，他住在县城旅馆里，听到隔壁有人哭，一问才知这个哭的人叫韩守义，他的女儿被城里恶霸吕熊强占蹂躏。吕熊是个员外，勾结官宦，欺男霸女。当时，解州城由于靠近盐池，地下水是咸的，不能食用，只有几口甜水井散落在城里

解州关帝庙

各处。吕熊叫手下人将城里的甜水井都填了，只剩下他家院里的一口甜水井，还规定来挑水的人必须是年轻貌美的女人，否则不许进。进来的年轻女人，不是被他调戏，就是被他奸污。大家又气又恨，但因吕熊财大气粗，谁也奈何不得。女儿让吕熊霸占后，韩守义叫天不应，呼地不灵，只好独自悲泣。关羽听罢，怒火中烧，提着宝剑闯进吕家，杀了吕熊一家，解救了姓韩的姑娘和其他良家妇女。之后，他连夜逃往他乡。路过潼关时遭到守关军官盘问，情急之中他手指关口说自己姓"关"，以后就再未改变。当然这只是流传在民间的传说罢了，正史《三国志》几乎没有关羽身世的记载。倒是在清初康熙年间，解州守王朱旦在浚修古井的时候，发掘出关羽的墓砖。上面刻有关羽祖、父两世的表字、生卒年月等，资料较详细，还略有提到关羽的家庭状况。他还据此写了《关侯祖墓碑记》[①]。

　　关羽二十二岁那年，时逢甲子，天下大乱，黄巾党造反，再加上连年饥荒，民不聊生。在关羽的家乡，恶霸横行，关羽看不惯恶霸的所作所为，毅然告别家里为他找的童养媳。为躲避仇家的追杀，关羽将自己的字改为云长，踏上了实现抱负的漫漫长路。在长达五年的流亡生涯中，关羽以贩卖绿豆为生，他公平买卖，童叟无欺，从不缺斤短两。

────────────────

①清代官员王朱旦根据关羽墓碑上记载的资料写下的关于关羽生平的一些事。

那年夏天，关羽推着卖绿豆的独轮车，正口渴时，发现路边一口井，却见井口盖着块大石板。他把石头搬开，里面还有根绳子，绳子上拴着一扇猪肉和一把快刀。此刻他又看到石头上的字，说是能揭开石板，可以拿走好肉一刀。他二话没说，手起刀落，割下一块好肉，放车上就走了。

这肉是屠夫张飞的，大夏天怕肉坏，所以就想出这法子。关羽取肉的事被张飞老婆看在眼里，却又不好说啥，就问关羽名字。关羽不只说了名字，还说自己在粮市卖绿豆，有事就到粮市找他。

张飞知道这事后气愤不已，直奔粮市找到关羽，瞪大环眼，出语带刺："喂，你这绿豆能吃吗？"关羽看出是找碴儿的，强压怒气，说："我卖的绿豆从来都是上等货色，您仔细看吧！"张飞伸手插入布袋，抓住一把绿豆，用力一攥，绿豆就成了豆粉。掏出来，摊开手放关羽面前，嘲笑道："把绿豆粉当绿豆卖，骗子！"两人争执起来，引来很多人围观，张飞一急，抓起一把绿豆朝关羽脸上撒来，道："想要脸就别吃我的肉！想白吃我的肉，就别要脸了！"

关羽这才明白，这就是那刀猪肉的主人了。关羽也不是省油的灯，想当年县官他都敢打还怕张飞不成？两人就打起来了，两人都是五大三粗粗的，没人敢劝架，打得市场狼藉一片……

这时来个卖草鞋的，大声劝架："住手！你俩敢在我地头上打架生事，翻天了是吗？有啥事可以坐下来谈嘛！"大家看卖草鞋的白白净净，身体瘦弱，不禁嘲笑：蛤蟆打哈欠，好大口气！真想劝架就动手拉开他们嘛。

卖草鞋的飞步跳到了当街，一手攥住关羽的胳膊，一手攥住张飞的胳膊，朝两边一分，又朝下一按，两人立刻就成了插进土里的橛儿，分毫也动弹不得了。好大的神力啊！这就是民间常说的一龙分二虎。

俩人都打心里佩服起来，一问才知道卖草鞋的就是刘备。关于刘备，他们早有耳闻。俗话说：好汉爱好汉。碰巧见了面，怎么肯轻轻错过？关羽和张飞都表示想和刘备交朋友。刘备见他们都是英雄，也十分钦佩，希望能成为弟兄。张飞生性痛快，说："不打不相识，说干就干，立即在这里结拜好了。"他动手捧了些土，堆在当街；又拣了几根细柴棍儿插上，权当香烛，然后硬拉刘备、关羽一齐跪地磕头，就算结拜成弟兄了——当地百姓称这是他们的第一次结义。

所谓"米面夫妻，酒肉朋友"，刘、关、张萍水相逢，一下子打得那么热乎，其实也脱不开这"酒肉"二字，同样是为了吃吃喝喝，可从中讨点便宜。当时，张飞最富，卖的又是肉，自然要常常请客；关公贩卖粮食，不愁钱用，上门也不空手，这酒便由他包下来；刘备卖草鞋，本小、赚头少，糊口尚且困难，每次总是只带张嘴巴赴宴。张飞、关羽见他老是一毛不拔，慢慢就受不了了。他俩私下议论：这么下去哪行？就是有金山银山，岂不也要被他刘备吃空？他们决定除掉他。

这天，张飞特意在后花园里安排了筵席，先和关羽分两边坐下，却把上手空着，特意留给刘备。酒菜刚刚上齐，刘备提着一串草鞋来了。他一点也不客气，说："来早不如来巧，我就不辜负两位兄弟的好意了！"一屁股坐在空着的位置上。关张二人一看，心里窃喜：这回你还不死！原来那里铺了张芦席，席下盖的是一口井。按说他会掉下去才是，不料刘备却坐得安安稳稳，照旧大吃大喝。张飞惊得愣了半天，装作离席吐痰，绕到刘备身后，暗暗揭开一点芦席，只见井里云烟缭绕——一条鳞光闪耀的五爪金龙托着刘备。他几乎要叫出声来，连忙盖好席子，又转身回席，附耳告知了关羽。关羽明白刘备眼下只是英雄落魄，将来定会大富大贵，跟上他会有出人头地的一天，于是便对他另眼相看了，说："刘大哥，想当初我弟兄三人当街结拜，未免太草率了。眼下，是在三弟家里，三牲礼品都好备办，看来应该重新祭天祭地，行

结拜大礼。不知兄长意下如何？"

刘备巴不得靠上这么两个有钱的朋友，好经常随着白吃，便满口答应了。张飞也很快领会了关羽的意思，大声附和："二哥说得对，我们要重新对天发誓，同生共死，永不变心！"于是，他们便来了个第二次结义。

刘备老吃关张的白食，心里终觉不安。他和老婆商量，要请两个结拜弟兄也到家里来吃一顿。他老婆感到为难，说："礼尚往来是人之常情，就是倾家荡产请他们一次，我也没话可说。只是你看我们家里还有可倾可荡的吗？让他们看见，以后哪还能瞧得起你？只怕不大合适吧！"刘备觉得她说得有道理，想了想说："不妨，我自有办法应付他们。"他立刻借来几条布袋，全都装满黄土，口朝下，成排竖在屋里。然后请来客人。

关羽、张飞第一次来到刘备家里，只见一间破茅屋，四壁空空，人在房中，可以早看日头晚看星，炕上铺草席、盖烂絮，锅碗瓢勺都缺口断把，没有一样是完整的，可是却有很多布袋，全装得满满的，自然有点怀疑，便问那是些什么东西。刘备想糊弄过去，答道："黄金。"

关羽心里明白，不愿多话，赶紧端起酒杯，边喝酒边把话岔到了别处。不料张飞偏不知趣，硬要打破砂锅问到底："大哥，你别打肿脸充胖子。明摆着你穷得上顿难接下顿，哪会有这么多黄金呢？"过去摸了摸，口袋里边硬邦邦，不禁半信半疑："莫非真是黄金！"刘备难以改口，只好一边哼哼哈哈应付，一边拉他说："上席喝酒，上席喝酒！"

越拉张飞越不肯走，非弄个水落石出不行。他忽然双手抱住布袋，猛一用力，翻了个口朝上，嘿，里边果然装的全是黄灿灿的金子，都是五十两一个的大元宝！张飞赶忙又打开另外几个布袋，全都是一样！

刘备夫妇俩也都惊呆了："果然是三人一条心，黄土也变金啊！"

关羽恍然大悟，说："我看这是苍天示意只要我们永远风雨同舟，就是天下也能打下来哩。我们还应该对天盟誓一次。"

其实这只不过是刘备瞒着夫人，用泥巴捏出元宝再涂上金漆而已！你看关张这两大傻冒，也不咬一口试试真假就信以为真，要是真有那么多金元宝，刘备还用卖草鞋？！

刘备住在楼桑村，村西有个大桃园。这时候正逢桃花盛开，花红似火，生机勃勃，他们看中了这个地方，便在那里第三次结拜，海誓山盟，这便是桃园三结义了。

第二节
不离不弃　忠义两肩挑

在追随刘备的战斗过程中，关羽年幼时打下的好基础很快表现出来了。他不只骁勇善战，还智勇双全。他参加第一次战斗（涿县之战）就立了大功：他用了仅仅五百人的军队就击溃了敌军五万人，相当于以一敌百，还亲自击毙了程远志。后来，在青州战役中，关羽率一千人埋伏在左山，配合刘备、张飞大破敌军，并协助卢植大败黄巾党张宝等，从而使黄巾党闻关公之名而丧胆。无奈当时政局混乱，卢植遭到陷害被免职了，关羽也并没有因为立功而受封赏。

当时，关羽、刘备和张飞还救了后来野心勃勃意欲谋权篡位的董

桃园三结义群雕

卓。但由于几人与董卓志不同道不合，所以并未追随。加上刘备为人正派，博得了百姓的信任，其队伍也逐渐发展壮大起来，关羽和张飞更是铁了心地跟随刘备左右。

公元190年，董卓开始了他的独裁统治。董卓这一大逆不道的举动，引起了大家的不满，由此开始了近二十年的混战。后来，袁绍、袁术、曹操、孙坚等形成了短期联盟，组成抗董盟军。

刘备及关羽、张飞在平原县遇到了盟军公孙瓒，刘备从大局考虑，率关羽、张飞等暂时加入其队伍，共同抵抗董卓。战争初期，董卓手下的华雄骁勇异常，先后击毙孙坚几员猛将，一时之间无人敢迎战。关键时刻关羽挺身而出，将华雄击毙。关羽出战前命人为他烫酒，结果等斩杀华雄回到营帐，酒还是温的，这就是"关云长温酒斩华雄"的典故。

在虎牢关前，关羽同刘备、张飞并肩作战，大败吕布，为讨伐董卓打开了一个很好的局面。但由于抗董盟军是临时组建的，没有具备足够约束力的军规，各军各怀鬼胎，内部存在着不少明争暗斗，并不能团结一致，致使联盟迅速解散，未能完成讨伐董卓的大业。

不久，黄巾党余党又起，兵围北海，孔融向刘备求救，刘备与关羽、张飞带三千人马前往救援。在与黄巾党交战中，关羽亲毙管亥，解了北海之围。

北海战役之后，关羽又协助刘备解了徐州之围，救出了被困的陶谦。陶谦得救之后，再三提出让出徐州予刘备，刘备多次婉言谢绝。陶谦一再坚持，于是刘备接收了徐州的统辖权。此后，战败的吕布投靠刘备，虽得收留但其贼心不改，趁刘备与关羽等出兵在外夺取了徐州。失了徐州统辖权的刘备从大局出发，对吕布作了一定程度的让步：双方达成互不侵犯的协议。吕布兵变之时，关羽恰好参加了讨伐袁术的战争。不久，当吕布再次背约时，刘备、关羽、张飞联合曹操于公元198年消灭了吕布。战后，曹操为试探自己在国中、军中的地位，策划了有名的"许田打围"事件，关羽对此非常愤慨，加之个性急躁，差点当场杀了曹操。此时刘备因担心投鼠忌器，阻止了关羽这一行动。

曹操

东汉建安五年（200年）曹操做了丞相，从此更是不把汉献帝放在眼里。国舅董承看了皇帝写在衣带上的诏书，又苦无良策除掉曹操，心里愤慨、忧虑，不久便病倒了。献帝让太医吉平去给董承治病，吉平在看了皇帝密诏之后，决心除掉曹操。于是，两人便商议并定下了计谋。不料被人告发，曹操抓了吉平逼他招出同伙，吉平不从，只是一个劲地叫骂，曹操命人将吉平的手指砍掉、舌头割下，吉平一头撞死在石阶上。曹操将董承、王子服、吴子兰、种辑四人全部处死，又杀了董承已怀孕五个月的女儿董贵妃，皇帝、皇后求情也无济于事。

曹操知道刘备也参与了董承他们的阴谋，便领二十万大军，分五路杀向徐州，要捉刘备。刘备派谋士孙乾向袁绍求救，袁绍因小儿子生病命在旦夕，不愿出兵，只答应刘备不如意时可投奔他。曹操兵马已攻到城下，刘备无计可施于是听信张飞的话：连夜去曹营劫寨。谁知却中了曹操埋伏，慌乱中刘备、张飞走散了，刘备一人骑马投奔了袁绍，张飞则逃到芒砀山暂住。

刘备被曹操打败后，关羽为保护皇嫂甘、糜二夫人，就假装降了曹操。曹操也是个爱才之人，而且他很赏识关羽的为人，看关羽能降于自己，非常高兴，就封他为偏将军，三天一小宴、五天一大宴，还挑选

67

美女十名送给他。曹操送给关羽一套战袍，关羽把它穿在里面，外面穿上刘备所赐的旧战袍，以示不敢以新忘旧；曹操又送给关羽赤兔马，关羽认为此马能日行千里，一旦得知刘备的下落，一天时间就可以赶去相见，就高兴地收下了；不只如此，曹操还奏请汉帝王封关羽为"汉寿亭侯"，想用这种方式来感化关羽。但是没过几天，曹操就发现关羽心神不定，根本就没久留的意思。曹操便让和关羽关系很好的张辽"试以情问之"。张辽去问关羽，关羽就叹息道："吾极知曹公待我厚，然吾受刘将军厚恩，誓以共死，不可背之。吾终不留，吾要当立效以报曹公乃去。"①张辽将关羽的这番话转告给曹操，曹操听了之后，不但没有怨恨关羽，反而认为他有仁有义，更加器重他。但这并没有动摇关羽"身在曹营心在汉"的意志。后来关羽斩杀颜良，立下大功。曹操知道关羽已经决心要走，所以特地对其重加赏赐。关羽把曹操给他的赏赐都封存妥当，当他得知刘备下落、准备告别曹操时，却发现曹操高挂着"回避"牌拒绝相见，于是便用朱墨画了《风雨竹诗图》，以竹喻志，画中藏诗："不谢东君意，丹青独立名。莫嫌孤叶淡，终久不凋零。"竹诗图完成之后，关羽就挂印封金，保护刘备的家小连夜离开曹营，到袁绍军中寻找刘备。曹操的下属知道这事之后，要去追赶关羽，却被曹操拦下，并劝阻说："彼各为其主，勿追也。"②

关羽的这次行动，算得上是私自行动，并没有得到曹操的手谕，所以一路上遭到了层层拦阻，但是面对阻挠，关羽遇神杀神，遇鬼杀鬼：过东岭关时杀孔秀；过洛阳城时杀韩福、孟坦；过汜水关时杀卞喜；过荥阳时杀太守王植；过滑州黄河渡口时杀秦琪。关羽仅凭借一己之力，接连过了五个曹操所辖的关口，斩杀了曹操六员大将，史书上记载的"过五关斩六将"就是这事了。

曹操占领江陵后，气势比以前更强盛了，大有吞没"无立锥之地"③

①出自《三国志·蜀书·关张马黄赵传》
②出自《三国志·蜀书六·关羽传》
③出自《史记·留侯世家》

的刘备和消灭江东孙权之势。在这种形势下，就发生了孙权、刘备联军大败曹操的赤壁之战。公元208年十一月，孙权、刘备联军在赤壁(今湖北省赤壁市赤壁镇风景区)大破曹军。关羽所率的一万精锐水军是刘备的主力，在这场战役中起了重要作用。然后便发生了关羽为了报答当初的不杀之恩，在华容道义释曹操的事，这一义举至今脍炙人口。

赤壁之战后，曹操仍然占据着南阳郡和南郡的北部，而孙权占据着江夏郡和南郡的南部。孙权与刘备结盟进军夺取荆州城，只因为荆州乃兵家必争的重镇，所以由东吴主帅周瑜亲任南郡太守坐镇荆州，而功劳甚伟的刘备却只能率本部兵马守江南的油江口立营。刘备居公安，地小物薄不利于发展，于是他向孙权两次提出借荆州。孙权采纳周瑜的建议，不仅不借荆州，反而利用吴蜀联姻软禁刘备，使五十多岁的刘备做了东吴的娇客。210年，周瑜病故，鲁肃继任。鲁肃劝说孙权暂时将荆州借给了刘备。这就是历史上所谓的"借荆州"。

刘备取得益州的第二年(215年)，孙权派诸葛瑾的去跟刘备商量，要求把荆州南部的几个郡归还东吴。刘备托辞拒绝，孙权就派去一批官吏，接收长沙、零陵、桂阳三个郡。关羽坚决不让，将孙权派来的官吏全部轰了回去。孙权一怒，马上派吕蒙率领两万兵马用武力接收这三个郡。吕蒙夺得了长沙、桂阳两郡后，刘备急了，亲自率领五万大军下公安，派关羽带领三万兵马到益阳去夺回那两个郡。孙权也亲自到陆口，派鲁肃带领一万兵马驻扎在益阳，与关羽相拒。东吴的军队和关羽的军队都在益阳扎营下寨，彼此对峙。在这紧要关头，鲁肃为了维护孙刘联盟，不给曹操可乘之机，决定当面和关羽商谈。关羽为了荆州之事一个人过江，与鲁肃会面。

虽说此刻敌友分明，但是他们都有大将之风，所以一起喝酒是自然的事。酒过三巡，菜过五味，鲁肃就迫不及待地直奔主题，要求索还荆州。关羽开始时还可以"饮酒莫谈国事"为由将话题岔开，哪里料到鲁肃步步紧逼。关羽就以刘备继承汉室土地为由，且使刀铃铮铮直响。这时候，周仓插话了："天下土地，惟有德者居之，岂独是汝东吴当有耶？"这话明显是要赖，而且要得毫不掩饰。关羽心中高兴得很，但是又不能把高兴表现出来，于是脸色突变，从周仓手中抢过大刀，假装怒斥道："这是国家大事，休得多嘴，快快给我退出！"明斥周仓，实在鲁肃！接下来，关羽就开始推托说自己醉了，右手提刀，左手挽住鲁肃，借酒发疯，亲热之中又带有几分杀气："今天饮酒，我已经醉了，莫要再提荆州之事，担心我这刀伤了故旧之情。改日我再请你到荆州赴会，再作商议。"鲁肃被他一提，想挣脱却怎么也挣脱不了，早已吓得魂不附体，暗藏的刀斧手也没得用武之地。到了船边，关羽才放了鲁肃，拱手道谢而别。后来，听说曹操要进攻汉中，益州也受到威胁。刘备和孙权双方都感到曹操是他们强大的敌手，就讲和了，把荆州分为两部分，以湘水为界，湘水以西归刘备，湘水以东归东吴。孙刘联盟因此能继续维持。

面对强大的曹军，关羽不与其打消耗战，而是利用天降大雨的有利时机，水淹七军，大败曹军，生擒于禁、庞德，击毙成何、董超、董衡等。

关羽的骁勇善战和重情重义在其经历的很多事情中，都可见一斑。不仅如此，他还是个意志力超群的人。

在同曹仁的一次战斗中，关羽又一次右臂中箭，虽然伤上加伤，但关羽仍带伤出战。在部下的劝说下，他同意由神医华佗主刀动手术，为了不影响头脑，关羽坚持不用麻药，他一边和马良下棋，一边让华佗为他疗伤，始终镇定自若、谈笑风生，令华佗赞叹不已。这就是著名的"刮骨疗毒"。

第三节
败走麦城 舍身来取义

公元218年10月，南阳百姓因不堪剥削而暴动，魏荆州刺史胡修、南乡(治南乡，今河南淅川东南)太守傅方，都归降于关羽，陆浑(今河南嵩县东北)人孙狼等，也群起杀官起兵以响应关羽。

关羽的声势一时"威震华夏"。

曹操感到其所受的威胁比较严重，一度准备迁都，被司马懿及蒋济谏止。谋士司马懿说："我看那刘备和孙权两家，表面很亲热，实际上是互相猜忌得厉害。这次关羽得意了，孙权一定不乐意。我们何不派人去游说孙权，说把江东封给他，约他夹攻关羽，这样，樊城之围自然会解除了。"曹操采纳司马懿这一利用矛盾破坏孙刘联盟、坐收渔翁之利的策略，于是派使者去见孙权，同时指令徐晃率军援救曹仁。孙权得到曹操的信后，欣然允诺。他召吕蒙回建业，商量夺取南郡的计划。

关羽其实也知道孙刘联盟并不牢固。所以，他当时所处的境地就是：既要夺取樊城，又得防备孙权偷袭荆州。当得知东吴大将吕蒙屯兵在陆口时，他再三嘱咐麋芳和傅士仁小心镇守荆州，并将大部分军队留在南郡，沿江设防，每二三十里设一个岗楼建起烽火台。

吕蒙探知关羽防守严密，无懈可击，就佯称病重，上书给孙权，要求回去疗养。孙权公开发布命令，调吕蒙回建业养病。吕蒙推荐陆逊代替自己。当时，陆逊年少多才却无名望，正任定威校尉。孙权便任命他为偏将军、右部督，接替吕蒙。陆逊到任后，派使者给关羽送去了礼物和一封信，信上恭维关羽水淹七军，功过晋文公的城濮之战和韩信的背水破赵，还祝愿关羽发挥威力，夺取彻底胜利。

关羽见陆逊是个无名晚辈，对自己又如此恭敬、诚恳，于是放心

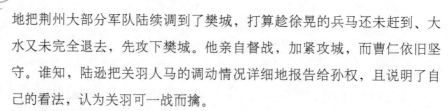

地把荆州大部分军队陆续调到了樊城，打算趁徐晃的兵马还未赶到、大水又未完全退去，先攻下樊城。他亲自督战，加紧攻城，而曹仁依旧坚守。谁知，陆逊把关羽人马的调动情况详细地报告给孙权，且说明了自己的看法，认为关羽可一战而擒。

关羽调集到襄樊的兵马越来越多，加上接收了数万降军，粮食匮乏。他责备南郡太守糜芳和傅士仁的粮草运送跟不上，大怒说："还当治之。"①可他哪知糜芳和傅士仁此时已开始有叛乱之心。

为解军粮不足的燃眉之急，关羽强占了东吴贮藏在湘关的粮食。孙权得知此事，觉时机已成熟，便命吕蒙为大都督，率兵向荆州进发，袭击关羽的后方。吕蒙率军隐蔽前出，进至寻阳(今湖北广济东北)，眼看就要到达荆州了，就把精锐士卒埋伏在伪装的商船中，令将士身穿白衣，化装成商人，又招募了一些百姓摇橹划桨，昼夜兼程，溯江急驶，直向江陵进袭，一切都进行得十分隐蔽和诡秘，在一点风声没有透露的情况下到了南郡。驻守江防的蜀军士兵被伪装的吴军所骗，猝不及防。守卫公安的将军傅士仁、守卫江陵的南郡太守糜芳，在兵临城下之时，先后投降了吕蒙。浅层次原因是他俩因前线的军资供应未能全部到达曾受到关羽的责备，担心关羽回来后处分他们，实质上是他俩贪生怕死。而且关羽平时对部下很是傲慢，他们之间的关系也不够融洽。

江陵城内空虚，于是陷入混乱。吕蒙进占江陵后，擒拿了关羽及其部下将领的家属，并对他们加以优待和抚慰，下令军中士兵不得侵扰百姓。他还对全城百姓表示了关心：给有病的送医药，给饥寒者赐衣粮，使城内秩序迅速恢复。

而骄傲轻敌的关羽，竟对吕蒙的袭击行动一无所知。

为了取得曹操的支持，孙权在出兵袭击关羽之前秘密写信给曹操，请求曹操允许他讨伐关羽，并请求不要把消息泄露出去以免关羽有所防

①出自《三国志·蜀书·关羽传》

范。曹操跟部下商量之后，决定一方面答应给孙权保密，一方面把消息泄露出去，同时将孙权的书信射入樊城和关羽驻军之中。被关羽围困的魏军得信后，士气倍增，防守更坚；可是关羽在得信之后，一方面担心腹背受敌，另一方面又不愿前功尽弃，于是轻率地作了判断：江陵、公安城防坚固，吴军若真来攻，一时不可能攻克。因而处于徘徊犹豫、进退两难的境地。

后来，关羽得知江陵已经失守，于是不得不从樊城撤围退走。曹仁部将多欲乘胜追击，参军赵俨认为，应保留关羽一定实力与孙权作战，不宜追击。曹仁同意赵俨的看法，未部署追击。曹操得知关羽撤退的消息后，也派人传达命令，不许追击。

当关羽撤军而回时，孙权已先到达江陵，派陆逊攻占夷陵(今湖北宜昌)、秭归(今湖北秭归)，切断了关羽入川的退路。关羽自知势孤，派人向驻扎上庸的蜀将刘封、孟达求援，但这二人以上庸新定为由，拒绝支援。关羽于是陷入进退失据、腹背受敌的困境，只得西走麦城(今湖北当阳东南)。

关云长像

这时，陆逊乘胜西进，夺取了宜都。关羽见麦城东、西、南三面全是敌人，而援兵又迟迟不到，决定突围回西川。吕蒙知关羽兵少，料到他要逃走必然走麦城北边通西川的小道，于是事先派兵埋伏。

十二月，孙权派使者到麦城劝关羽投降。关羽提出叫吴军退兵十里，然后在南门相见。吕蒙果然退兵十里，等候关羽投降。关羽及其子关平趁机带着十几个骑兵，偷偷地出北门向西逃去，被吴将潘璋部司马马忠擒获，与其子关兴一起被杀，死时年约五十八岁。

关羽死后，刘备追谥其为"壮缪侯"，其子关兴嗣其爵位。

第四节
皈依佛门 尊为武圣人

东汉末年，佛教传入中国，在三国两晋南北朝时迅猛发展。

民间有传说：关羽在天上是天地爷。

古时晋南不信佛，把佛头像用线缝在鞋底上，人一走路，脚印里正好印出一个佛头像。这件事让天皇玉帝知道了，勃然大怒，便命天地爷下凡火烧晋南。玉帝还要亲自在南天门外观火。天地爷下凡后，就变成了一个老者，想去看看晋南人到底有多坏。半道上，他遇见一个妇女，领着两个孩子，背着大的，让小的走着，小的走不动，一直哭。那妇人还一直打小的，叫孩子快走。天地爷一看这晋南人不光不信佛，而且为人处事也不好。

但是他还是想弄清楚是怎么一回事，于是上前察问其故。妇人回答说："您老不知，我背的大的，乃是我前房姐姐所生，小的是我亲生的。我如果弃大惯小，别人会说我不贤，我良心上也对不起死去的前房姐姐。"天地爷听她如此一说，深为感动，多么善良而贤惠的晋南人，怎么忍心把她们活活烧死。于是想了个两全其美的办法，对妇人说："我是天上的天地爷，玉皇命我正月十五火烧你们晋南人，你们都是好人，我不忍心。但玉皇说过要在正月十五南天门观火，你快去让人们这一天放焰火，挂红灯，玉帝一看，知道是烧火了。"妇人回去之后，一传十，十传百，顷刻传遍了晋南地方。正月十五那天，人们大放焰火。后来这个习惯流传到全国各地。

那天地爷救了晋南人之后刚刚交差，却被灶神多嘴多舌走漏了消息，玉帝知道天地爷使的小伎俩之后勃然大怒，把他推出南门斩首。天地爷被杀后，鲜血流到凡间地下（晋南解池南一带），聚在一片菜叶上。有个卖豆腐的老人夜里得天地爷托梦，第二天找着那菜叶，用棉花包好，放在炕旮旯，不久传出婴儿哭声，打开棉花一看，是个男孩子。老人知道上天有灵，感慨万分，于是将孩子抚养成人。

男孩长大了，学得一身武艺，好打抱不平。他为救一民间女子，杀了当地的一个恶霸。然后，他逃出常平城。在过一关口时，鼻子流血了，面皮由原来的白脸变成红脸。守关的人问他姓什么，他指关为姓。从此天地爷才姓关，单名羽字。与刘、张"桃园三结义"后，关羽与家将周仓、义子关平为刘备夺取天下立下汗马功劳。

建安二十四年，关羽大意失荆州，败走麦城以后，在临沮被吴将吕蒙杀害，割下首级。

当时，普净和尚因为泄密，不敢留住镇国寺，便云游到荆门州当阳县玉泉山，见此处山清水秀，就地结草为庵，每日坐禅参修，身边只有一小行者，以化饭度日。不久后一夜，月白风清，三更以后，普净在庵中默坐，忽然听到空中有人大呼："还我头来！"普净仰面认得关羽，于是以手中鹿尾敲打他问："是云长吗？"

云长说："大师何人？愿求法号。"

普净说："老僧普净，昔日汜水关前镇国寺相会，怎么忘记了么？"

关公说："承蒙相救，铭感不忘，今日我遭奸人陷害而死，愿求清诲，指点迷津。"

普净曰："今非昔比，一切都不要再说了。前因后果，都是有理由的。现在将军被吕蒙杀害，你大呼还我头来，然而颜良、文丑、五关六将等众人的头，又将向谁索取？"于是关公恍然大悟，稽首皈依而去。

原来关公生前受到佛法的佑护，死后也得到佛法的超度，最终皈依为佛家弟子。

关羽皈依佛门后，成为护法神。关羽第一次作为正神进入佛教殿堂。至今在国内许多庙宇中，仍然供奉关公为护法神。传说关羽经常在玉泉山显圣护民，老百姓为了感恩关二爷的庇护，于山顶建庙，四时祭祀。关羽成道之后被带上天庭，玉帝追封他为忠义大将军，日把天门，夜管丰都。他具有司命禄、佑科举、治病除灾、驱邪辟恶、巡查冥司、招财进宝、求什么应什么之法力，成为人们供奉的万能之神。

关羽一生忠义勇武，坚贞不二，为佛、道、儒三门崇信。关羽所凝聚的忠义形象，对于基层信众，无疑是最好的榜样。而对于历代统治者而言，上忠于朝廷，下恩义于兄弟，整个社会才能稳定，才更有利于皇权统治。因此各朝皇帝都以关羽为忠义的化身，将他的忠义之举作为忠君爱国的教育材料。

隋唐时期，知识界及民间对关羽的形象继续美化及神化。相传隋初开皇年间，关公曾显灵道场致意。唐时，关公已经有了"关帝"甚至"圣帝"的称号。

宋代是科学文明快速发展的时代，关公神性也有进一步的发展，传说关公神灵会出现在人们心中或梦中。同时，为了与佛教分庭抗礼，张天师通过"关羽战蚩尤"的传说，又让关老爷成了道家的尊神。而以知识分子为主体的儒家学者也看中这位极富传奇色彩的将军，从此关羽的手里多了一本书——儒家经典《春秋》，言外之意就是佛道之神也是我们孔老夫子的门徒。

元朝是少数民族政权，为了拉拢汉人，以显示自己的正统，元文宗图帖睦尔于天历元年(1328年)将关公的封号改为"显灵"，全称为"显灵义勇武安英济王"。

布衣皇帝朱元璋称帝后，将关羽请入武王庙，尊为武圣人。后因担心民间帮会势力崛起，曾一度冷落关羽，但他的儿子朱棣在夺取皇位后为了"正名"，大肆宣扬他的政变得到了关老爷的保佑，下诏在全国各地大建关羽神庙。更有趣的是，明朝臭名昭著的特务机关东厂、西厂，为了显示自己的"忠义"，也尊崇关羽为他们的守护神。

关羽手持青龙偃月刀的神像、祠庙遍布各地，为中国神明中祠庙最多的一位。古代祭祀的战神本是"兵主"蚩尤。就官方的祭祀而言，唐初开始有武庙，但主祀的是周朝名将姜子牙，而关羽则为从祀。至宋朝末年，民间供奉关羽的庙宇已经"郡国州县、乡邑间井皆有"（郝经《陵川集》）。元代朝廷虽崇信喇嘛教，但未箝制人民信仰，因此民间对关羽的崇信有增无减，甚至元朝皇帝也曾遣使致祭。

第五节
民间崇奉 由圣再尊神

随着时间推移，关羽更被尊称为"武王"、"武圣人"，与孔子并肩而立。

话说关公由野神转为正神后，玉帝派他主管人间风雨之事。关帝庙的香火更旺了，来许愿和还愿的人整天络绎不绝。关羽的随从周仓，一直追随关羽，见多识广，自以为已学会起风降雨之能。不过，人们总是给关公叩头，却不把周仓放在眼里，似乎他成了可有可无的闲神。时间一长，那周仓可就有些受不了了。一天，外面下起了小雨，关帝庙也变得清静了许多，只有周仓在自言自语地发牢骚："大哥你多风光呀，人们来了都是先给你叩头，却没人瞧得起我。若是没有我，你能坐得这么安稳吗？"正在闭目养神的关公听周仓这么一说，忍不住哈哈大笑起来："兄弟，你是不是不服呀？我和你说过的，这活你干不了。""我才不信呢。"周仓显得很不服气。"那好吧，明天咱们换一下位置，你来坐着试试，我站着行吧？"关公的话音刚落，周仓就抢着说："好好好，就一天，我就是想过把瘾，其实没什么别的想法。"周仓一边自圆其说，一边岔开话题问关公什么时候去看嫂子。第二天，关公就让周仓暂管风雨，叮咛周仓一定要考虑周详，以确保人间风调雨顺。人们进了关帝庙一看，觉得有些纳闷，这关老爷怎么退居二线了，该不是犯什么错误了吧？前来进香许愿的人们一边跪着叫周老爷，一边拿眼睛去观察关公的表情。周仓呢，只顾着过官瘾，根本不在乎人们的眼睛往哪里看。一会儿，周仓看到有个财主模样的人说话了，他心里顿时有一种从来没有过的感触。财主说让周老爷奏明天宫明天不要再下雨了，以保证他儿子的婚礼能够如期举行。周仓想，可以嘛，这再好办不过了。可又有一农夫模样的人说，现在已是春播季节，这雨还没下透，明天无论如何也要接着再下一天。周仓皱皱眉头，心想，真他妈的麻烦。就在周仓琢磨着怎么安排时，又看到有个渔民跪在地上说，他们的船在海边搁浅了，请周老爷奏明天宫安排明天刮大风，他们的船好借着潮水靠岸……渔民的话还没说完，一果农抢着说，不行啊，周老爷，现在正是果树开花的时节，如果刮大风，他们这一年就没指望了。周仓听着听着就站起来了，不过，他喘了口粗气又坐下了，一直坚持着。一天终于过去，周仓问关公说："大哥，你看这奏章如何写好？他们有的要下雨，有的不要下，有的要刮风，有的不要刮。一求容易二求难，三求四求怎么办？风雨之事实在是难管，当个神仙真为难。我是真没辙了，要不这样吧，明天起我还是站在你旁边吧。"关公说："其实这很简单呀，你就写：晚上下雨，白天晴，大风沿着海边行。这样报上去不就什么问题都解决了？"周仓似懂非懂地点点头，再没说什么，心中却大为叹服，忙去照办。四个祈祷者皆随心所愿，都更加崇敬关帝。

　　另有传说大兴县南庄村北有一座关帝庙。关公见老百姓生活太艰难，便把自己的马卖了帮助老百姓渡过难关。卖马时，他叮嘱买马的人"只喂草料，不许饮水"。有一次，买马人见马干完活大汗淋漓，有些不忍，便将马拉到河边，谁知马一沾水，便变成一摊泥了。这时他才想起卖马人的话，赶忙到关帝庙一看，赤兔马没有了，在关公卖马的钱下面，压着一张纸，写着"济贫"两个字。

　　明清时代的人，无论是士大夫还是庶民百姓，都很容易将这一传说附于对关羽的崇拜之中，使关羽神格中的忠义因素更为突出。清朝时期对关羽的尊崇比明朝有过之而无不及。满族人没有入关时，就对关羽极为崇拜。皇太极在沈阳称帝时，仪式进行到一半，突然风雨大作，文武百官认为这是不吉之兆。皇太极灵机一动，大声说：这是关老爷为了祝贺大清开国而下凡来了。文武百官三呼万岁，民心于是安定下来。据传说关羽武玉皇的身份是乾隆封的。这其中包含有乾隆的一个计谋。有一年乾隆皇帝从紫禁城移驾圆明园，大队人马正走在海淀南部地区，突然狂风大作，御林军乱作一团，乾隆皇帝也被单人独骑吹到了四下无人的荒野。提心吊胆之际，身后一串马铃声响，紧接着传出喊声："我主休要担惊，二弟云长在此护驾。"由于被风迷了双眼，乾隆难以睁眼，可心里踏实下来了。不久御林军赶来，将乾隆安全护送到了圆明园。乾隆把自己设想为刘备转世，这样就与二弟关羽有着千丝万缕的联系，理所当然地封关公为武玉皇，跟玉皇大帝平起平坐。乾隆在祭天大典的时候，所祭祀的有三大神灵——如来佛、观世音以及关羽，而如来佛、观音菩萨均为胡神，只有关帝是汉人所化天神，这不就名列中土群神第一了吗？乾隆抬出关公，是想借此收服天下千千万万汉人的心。

明清时代，关羽被世人传成万能的神，其职能除了"治病除灾，驱邪辟恶，诛罚叛逆"，还有"庇护商贾，招财进宝"。 清代时，各行各业都借"三国"之事奉关公为其行业神。如相传关羽年轻时曾卖过豆腐，清朝卖豆腐的就供奉关羽为豆腐业的真神；卖蜡烛的则因关公秉烛达旦、恪守叔嫂之礼，而奉其为神；更有趣的是理发业、屠宰业、刀剪铺业，因为他们的卖品都是"刀"，而关羽的兵器就是青龙大刀，就这样，关公荣登财神宝座。关羽被奉为财神，原因有三：一是其生前十分善于理财，长于会计业务，曾经发明计簿法，设计日清簿，创新能力强，这种计算方法设有原、收、出、存四项，非常详细清楚。后世商人公认他为会计专才。二是商人谈生意做买卖，最重义气和信用，关公信义俱全，故尊奉之。三是传说关公逝后真神常回助战，取得胜利，商人就是希望有朝一日生意受挫，能像关公一样，来日东山再起，争取最后成功。在清代，对关公的信仰被各行各业所接受，常常顶礼膜拜。近代江湖上的哥老会、青红帮特别敬祀关帝，且江湖上结义弟兄，亦必于关帝前顶礼膜拜，焚表立誓，以守信义。人们奉关公为财神，大概是因为关羽不为金银财宝所动，与一些世间贪利忘义之徒形成鲜明的对比。世人尤其是商贾们都敬佩关公的忠诚和信义，希望关公作为他们发财致富的守护神，另外，人们希望商贾进行交易时坚守诚信，故把关公奉为公正人，来维护传统的道德秩序。

传说，关羽成为财神后，一日在神案前查探民情时，见一对小夫妻艰难地推着卖盒饭的三轮车爬行完一段坡度较大的公路，正在路边的树下休息，男人扯下搭在肩膀上的毛巾，递给女人说，"小洁，把汗擦擦。"女人接过毛巾，却为男人擦起了汗水。"小洁，对不起，让你跟着我受苦了，当初的雄心壮志……唉，给你承诺的别墅、车子……如今还让你受到你们同学的嘲讽。"女人赶紧接过话来："我们还年轻，那些物质的东西，我们慢慢会有的，只要我们有勤劳的双手。"听到这么心酸的对话，关公忽然想起这世间的真善美，决定帮帮这对夫妻。于是他对着他们的厨房吹了口仙气。这对夫妻的生意一下子火了起来，随后开了几家快餐连锁店，名气扬于国内外。然而好景不长，有一日，一妇人在关帝庙前哭诉：财神老爷，当初我们是靠着你发财，而如今又是因为钱财弄得我们夫妻不和。原来这就是当初的小洁，男人自从有钱后，便开始花天酒地，一开始还有些愧疚自责，可在一次次的堕落和背叛后，现在根本就成天不着家，女人只能日夜独守豪宅。财神越想越气愤，决定惩戒下男人，于是收回了仙气，又一次调整了他们的财运。男人渐渐地失去豪宅、快餐店、车子……恢复了当初卖盒饭的贫困。某日财神托梦告诉他：黄金有价，真情无价！想劝他回到女人身边。然而他觉得愧对小洁，至死都不愿意回家。财神虽然能掌管人间的财运和财富，却左右不了人心。

叁

财富文神范蠡

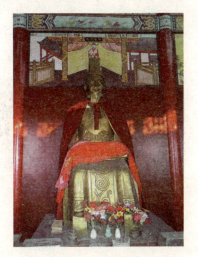

财富文神范蠡

　　范蠡，字少伯，别名陶朱公，汉族，春秋时期楚国宛(今河南南阳)人，生卒年不详。春秋末著名的政治家、军事家和实业家，后人尊其为"儒商鼻祖"，民间更是将其奉为"财神"以膜拜。

　　范蠡事迹主要见于西汉司马迁《史记》的卷四十一《越王勾践世家第十一》、卷一百二十九《货殖列传第六十九》。先秦的一些典籍《国语》、《吕氏春秋》以及野史《吴越春秋》也有所记载。

85

第一节
春秋范蠡 韬光献西子

范蠡出生于楚国一个贫苦人家，父母早亡，由大哥大嫂扶养成人。他小时候就天资聪慧，博闻强记，喜欢读书，有远大的抱负，这样下地耕作的时候就少了。乡邻看不过眼，认为他游手好闲，是懒惰而又不务正业之人。然而"燕雀安知鸿鹄之志"，范蠡没有把别人的看法放在心上，不以出身贫寒而自卑，奋发向上，博览群书，尤其推崇姜太公的军事书籍《六韬》和《三略》中把大力发展农业、手工业和商业作为军事韬略的三大法宝的观点。

河南南阳范蠡宗祠

他还拜当时著名的理财家计然①为师，跟他学习经济知识和经商技巧。可以说，范蠡在年轻时就学富五车，天文地理无所不精，可谓聪明睿智、文韬武略、智慧过人，而姜太公和计然两位前辈先师的超卓思想和深厚知识，对他一生的从政、经商、为人处世都影响甚大。

不过当时的楚国自上而下权贵当道、管理混乱、社会动荡、政治黑暗，非贵族阶层不得做官。身为"下等人"的范蠡空有满腹经纶却无处发挥，报国无门，便放浪形骸，做什么都疯疯癫癫的，行为怪异，不依常理办事，是有名的"楚国狂人"，乡邻更是喊他"范疯子"。

众所周知，文种是范蠡的深交挚友，而关于他俩的相识相知，还有一个有趣的故事。

文种字子禽，是楚国的名士。他到范蠡的家乡宛任职的时候，听说了范蠡这号人物，知道他年纪不大却很有才能，就差人去拜访他。手下人回

---

① 姓辛，名文子，著有《文字》一书，是春秋时名人。

来都说范蠡疯疯癫癫，是个疯子。文种却认为一个人越有才能，越必须假装疯狂来掩饰自己的贤德和才能，所以仍然坚持去拜访范蠡，但范蠡都避而不见。一天，文种又亲自拜访，却发现范蠡家的大门紧闭，院墙下的一个破洞里有个人披头散发，趴在那里冲着文种学狗叫。旁人认出是范蠡，很多乡亲都围在一旁看热闹。文种手下的人怕自己的领导难堪，便想用衣袖把洞遮住。文种却说："我听说过狗只对着人叫，他是人却对着我学狗叫，意思是说我是个人，是看得起我呀！"说完下车便拜。谁知范蠡看也不看，文种只好悄然离去。其实这时的范蠡已经开始倾慕文种，第二天一早就向兄嫂借了一套干净衣帽换上。范蠡刚梳洗穿戴完毕，文种就来了。两人促膝交谈后，顿觉相见恨晚，于是结为知交。

这个带有传奇色彩的故事，充分表现了范蠡和文种这两位名士惺惺相惜、志趣相投的感情。而认识文种，也是范蠡从政的第一步。

这时的楚国政治更加黑暗，有才之士根本得不到重用，两人都明白在楚国是没有出头之日了，就商量着要离开楚国，另投贤明，实现抱负。然而在春秋诸子百家争鸣、群雄争斗不止的乱世，想要出头并不容易。要逆转人生、一展宏图的范蠡差的只是一个契机，而这个契机便是史上著名的吴、越两国"夫椒之战"。

吴、越两国是邻居，互相都想拓展疆土，自然会侵犯到对方的利益，所以平时两个邻居就常有些小打小闹的现象。后来国力较弱的越国拉了楚国做盟友，一起牵制吴国，吴国和越国更是势成水火，互不相容。在周敬王二十四年（前496年），积怨多年的吴国和越国发生了"槜李之战"（今浙江嘉兴），吴王阖闾中计，含恨身亡。从此以后，吴、越两国更是连年战乱不休，老百姓深受其苦。

其实这时的吴国比越国强盛许多，如果真要比拼实力，越国根本不是吴国的对手。所以在两年后，为了报父仇、一雪前耻的阖闾之子夫差

大夫文种

与越国在夫椒（今江苏太湖洞庭山）决战，这一战越国惨败。越王勾践带着剩下的五千兵卒狼狈逃走，避入会稽山。吴国继续围攻。

这时的越国可谓穷途末路，江山岌岌可危。普通人避开都来不及呢，范蠡却认为将来"越必兴、吴必败"，把越国的战败当做自己大展宏图的机会，与文种主动投靠勾践，献计向吴国求和。患难之时的投奔相助自然更令人感动，范蠡这一次可谓兵行险招。满怀感激的勾践采纳了范蠡的进谏，封他做上大夫。范蠡向吴国奉献了厚重的礼品，并乞求保存越国。最终吴国答应议和，勾践被吴国扣为人质。范蠡又劝勾践忍辱负重，伺机推翻吴国。为了表明自己的忠诚，他又陪同勾践夫妇在吴国为奴，为夫差养马，等待时机。在吴国做人质期间，范蠡一面劝勾践要忍耐，一面花重金买通吴国的重臣，希望能早日放他们回国。勾践和范蠡含垢忍辱，装得非常恭顺，伍子胥看出了范蠡的计谋，劝夫差杀掉勾践以绝后患。可是，被范蠡花重金买通的那些权臣都替勾践说话，让勾践逃过一次又一次的危机。忍辱为奴期间，在越王勾践身上诞生了诸如"卧薪尝胆"、"养精蓄志"、"励精图治"、"发愤图强"等等脍炙人口的成语典故，范蠡可谓功不可没。可以说，没有范蠡在精神和物质方面的支持，勾践是连性命都难以保存的，更不用说报仇雪耻了。

三年后，范蠡和勾践的卑微之姿已经完全取信了夫差。夫差打胜仗后被骄傲蒙蔽了双眼，竟然放勾践归国。所谓成大事者不能有妇人之仁，被歌舞升平、阿谀奉承麻醉了的夫差放过了忍辱负重等待时机的勾践，也为自己日后的失败埋下了伏笔。

勾践在吴国受了三年的"马夫之辱"，回国后一心想重振越国，报仇雪耻。他听了范蠡和文种的进谏，减轻对百姓的刑罚，减少赋税安定人民，通过各种政策鼓励生产。于是越国国民逐渐富裕起来，家家都能出一名带甲的勇士。

据考证，作为越国"十年生聚，十年教训"的策划者和组织者，范蠡与文种拟定了"兴越灭吴"七术①：第一，尊敬天地鬼神以求得庇护福荫，借用信仰控制老百姓；第二，重金赠送给敌国国君和重臣以讨对方欢心，麻木敌人；第三，高价收购敌国的粮草，造成其国家空虚，同时送敌国国君喜欢的东西，让他劳役人民；第四，使"美人计"迷惑敌国君王身心，加剧制度腐化；第五，赠送给敌国国君高级的工匠和精良的器材，让他大兴土木，消耗财力；第六，赠送给敌国国君谗臣，使他狂妄自大而不听正言直谏，并离间敌国之君和忠臣的关系；第七，从君王自身做起，厉兵秣马，整顿军旅，使国富兵强，准备乘敌国政乱之时出兵，以复兴国家、报仇雪耻。

这七术实行后，效果非常好，越国表面上向吴国俯首称臣，暗地里发展农业、经济和军事力量，既赢得国内的民心，又讨得吴王夫差的欢心，还在励精图治的同时开始瓦解敌国的国力。

自己强大，还要使敌人削弱，这样才有可乘之机。为了麻痹吴王夫差，从内部松懈吴国，使吴国一步步走向衰败，七术之中最为关键的计策——"美人计"登场了。而这一计谋便牵扯出四大美人之一的西施。

西施原名叫施夷光，因她所在的苎萝村有东西二村，她居西村，故名西施，又有人叫她西子。她的父亲靠卖柴为生，母亲则日日浣纱赚钱以补贴家用。作为穷苦人家的女儿，西施自小便跟着母亲一起浣纱，所以又叫浣纱女。就这样，一名原本只不过是在苎萝山溪边浣纱的村姑，过着快乐单纯的日子，却因一名叫范蠡的男子改变了自己的人生。

为了保证美人计的顺利实施，派去寻美的使者跋山涉水，终于在历史

---

① 见明代冯梦龙的《东周列国志》中提及的文种破吴七术，另一说为东汉会稽人袁康等编纂的《越绝书》中所载"兴越灭吴"九术。

性的某一天，站在了浙江诸暨苎萝山下的浣纱河边，找到了美人西施。

　　已经无人知道范蠡见到西施的刹那，心里有怎样的惊艳和悸动了，但能够确定的是，范蠡肯定是心动了。试想一下如果自己都无法倾心，他又怎会选西施作为上贡夫差的美人？这样一场才子佳人的会面，忽略了年龄和地位的差距，原本应该有一篇缠绵悱恻、恩爱动人的爱情故事，却因政治因素留下了有缘无份的遗憾。善良的人们多么期盼美好的结局，在民间流传甚广的是越国打败吴国后，范蠡携西施泛舟五里湖，做了神仙眷侣，然而在历史上范蠡的确有三个儿子，夫人却不是西施，可以说这传说也只不过是一个美好的祝愿罢了。

浣纱女西子

　　唐代诗人宋之问有一篇歌咏西施的《浣纱篇》："鸟惊入松萝，鱼畏沈荷花。"西施的貌美不需要再说，家喻户晓的"沉鱼"传说已经把她倾城倾国、颠倒众生的美态描绘得淋漓尽致。然而自古红颜多薄命，在乱世中，美丽没有为西施带来幸福，反而让她成为男权社会政治斗争的牺牲品。范蠡以家国之责说服了深明大义的西施，把她带回了越国的王宫，也为史书留下了一个美丽的倩影。如果没有遇见范蠡，西施只不过是一个普通的村姑，可能快乐单纯地了却余生，而百年后尘土埋香，连姓名也不为人所知。遇见了范蠡，以身许国，流芳青史，却为他人的野心牺牲了自己，这该说是西施的幸运还是不幸呢？

　　话说回来，范蠡知道美人并不是光凭皮相便能牵绊住君王的心的，真正的美人必须具备三个条件：美貌，能歌善舞，以及动人的体态。而村姑出身的浣纱女只具备了第一个条件。于是，范蠡在众美人中挑选了西施和另外一名叫郑旦的农家女后，花了三年时间来对她们包装培训，让农家女脱胎换骨成为真正的倾国绝色，最后把两位大美人盛装打扮起来，进献给吴王。

范蠡的这份厚礼可谓珍贵。吴王一看这两个女子生得花容月貌，尤其是西施，千娇百媚，绝色倾城，当下心花怒放，认为这是越王勾践尽忠于吴的明证，连伍子胥的劝谏都没听进去，当下把佳人笑纳宫中。

吴王夫差被西施迷得神魂颠倒，还在姑苏建造春宵宫，大兴土木，与佳人日日寻欢，夜夜春宵。民间传说中，西施虽然美丽，但是脚却比一般人的大，于是她想方设法地掩盖这个缺点。因为她喜欢跳舞，所以经常穿长裙、又为自己特制了一双木屐，结果因为鞋子高了一块，不但看不出来脚大，还因为走路时左右摇摆，加之长裙飘飘、娉婷袅娜，反而格外突出了优美的风姿。虽然不知道大脚西子的传说是否属实，但是史书记载，西施的确擅长跳"响屐舞"，夫差还专门为她在馆娃宫筑了一个"响屐廊"，用数以百计的大缸铺叠而成，上面再盖上木板。西施穿着木屐，裙子上还系上小铃铛，跳舞的时候木屐踩踏木板震动大缸的回响声，小铃铛摇动的叮叮咚咚声，交织在一起，悦耳动听，绕宫殿不绝，再加上倾城美人优美的舞姿，直使夫差如醉如痴，沉湎其中，开始疏于朝政。

第二节
勾践复国 激流知勇退

那边西子身在敌国忍辱负重，这边的越国，由于范蠡、文种等人的辅佐，励精图治，韬光养晦，国力已大为强盛。历史有记载，当时这情况引起了吴国的注意和警惕。吴王夫差在伍子胥等人的怂恿下，准备出

兵攻打越国，同时也想试探一下越国是否还有臣服之心，于是在公元前484年发兵进攻越国。越王勾践想派兵迎战，文种献谋卑辞求和，最后勾践采纳了他的意见，派使者前往吴营求和。使者见了吴王，奉上厚礼，而且言辞卑微，力陈越王对吴的一片忠心，表示永远不敢背德忘恩。当时吴王的主要目标是北上伐齐，争霸中原，所以听了越国使者的一番话，以为对越国真的可以放心，于是带兵回国，大整军旅，准备伐齐。勾践听说吴王要北上伐齐，便亲率群臣前往吴国朝贺祝福，对上自吴王，下至各级大臣名士，都赠送有财物。吴国君臣更加放心了。

没多久，吴王夫差杀了反对北伐的功臣伍子胥，举兵伐齐并胜利而归，两年后又北上与诸侯会于黄池，并与晋国争夺霸主地位。由于吴国的精兵北上，国内空虚，越国伐吴报仇的时机到了。勾践兵分两路，向吴发起进攻。吴王闻讯，仓促回师，并向越国求和。公元前478年，吴国发生大饥荒，勾践趁着这个天赐良机兴师伐吴，率军进抵五湖(今江苏太湖)。他听取了范蠡的意见，先是按兵不动、坚守壁垒，不和吴国交战，然后乘吴兵懈怠的时候，在夜色的掩护下突然发动袭击，大败吴军。公元前476年，越军伐楚，以转移吴国的注意，让吴国对越国疏于戒备。翌年，越军又突然大举攻吴，一直打到吴都姑苏城下，把姑苏城包围起来。这场围城战一直打了三年，最后终于攻破了姑苏城。吴王夫差带领残兵败将，被围困在姑苏山上。夫差派使者前来求和，范蠡力谏勾践不可答应。与此同时，文种给夫差写了一封书信，用箭射到姑苏山上，历数夫差的罪行，说他罪不可赦。范蠡也力主灭吴，并击鼓挥师，对吴发起最后的攻击。

公元前473年，越国灭掉吴国，被围困在圣胥山的夫差走投无路，大叹没有听从伍子胥的话而纵虎归山，最终自刎身亡。

这时的范蠡在越王勾践手下已办事二十余年，他以身作则，勤勉努力，终于帮助勾践灭了吴国，成就霸业，被尊为上将军。不过身居高位并没让范蠡昏了头。伴君如伴虎，他知道在高官显爵之下，是无法安享权力与富贵的。况且勾践的为人，可以共同患难，却不能一起享受富贵。于是他上书给勾践，言明退意。勾践说："全靠你的帮助才能灭掉吴国，现在天下太平，我正要和你共享富贵，为什么要走呢？如果走，我将杀掉你的全家。"范蠡知道越王是决不会放过他的了，便打点了细软珠宝，舍弃高官厚禄，偷偷跟部属乘船渡海而去，再也没有回来。

唐朝诗人汪遵有一首《五湖》诗，对范蠡大加赞扬："已立平吴霸越功，片帆高扬五湖风。不知战国官荣者，谁似陶朱得始终。"位极人臣而急流勇退，明哲保身，可谓大智大慧之人。而史上又有多少人能够舍弃功名利禄，退隐归田呢？

据《史记·越王勾践世家》记载，范蠡离开越国后，去了齐国，还不忘寄信回来给仍在越国为官的挚友文种，曰："蜚鸟尽，良弓藏；狡兔死，走狗烹。越王为人长颈鸟喙，可与共患难，不可与共乐。子何不去？"大意是说鸟尽弓藏，兔死狗烹，越王这人能共患难不能共富贵，劝文种早点离开，否则容易招惹杀身之祸。文种看了信，仍然不走，但是已经有了忧虑之心，就装病不上朝。

越王身边有不少嫉恨文种的人，趁机大进谗言："文种自认为功高盖世，现在大王不封赏他，他心中不满，所以不上朝。"勾践了解文种的才干，觉得吴国已灭，文种对自己已经无用，而且他又害怕文种功劳过高，有朝一日作乱，无人能制，现听人这么说，就有了杀文种之心。有一天，勾践突然到文种家中探病，随手解下宝剑，放在文种床边，对他说："你教我的七条计谋，我用了三条就已灭吴，剩下的四条你帮我到地下去让先王看看怎么样！"说完就走了，文种把宝剑取出一看，正是当年吴王赐令伍子胥自杀的宝剑，立即就明白了越王的意思，于是仰

天长叹道："我不听范蠡的话，今日还是被越王所杀，我真后悔呀！"说完举剑自刎而死。一代名士，以惊世的才干建功立业，却不能善终。

浪花淘尽英雄，功名转头空。清朝小说《说呼全传》有这么一句话："古人云：'伴君如伴虎'，刻刻要当心。"其实自古至今，鸟尽弓藏、兔死狗烹的例子多不胜数。

秦朝的武安君白起，手握生杀大权，光秦赵两国间的长平之役，就坑杀赵兵四十万，令赵国"十年无精壮之兵"，闻风丧胆于朝，何等威风，可惜功高盖主，终死于秦相范雎挑拨之手。

吴国名将伍子胥经历坎坷，少年便立有大志，吴国也是凭着他的策略和经营，才成为春秋五霸之一。可惜他没有功成身退，遇主不明，自刎后挂首级于吴国都城，眼睁睁看着越国把他殚精竭虑打下的江山灭了。

一代军事家吴起与孙子的名号一样响亮，用兵如神，鲁、魏、楚三国经其变法，走上富国强兵之路。可惜他的变法削弱了王亲贵戚的权力，楚悼王死后，那些王室宗亲群起而攻之，吴子终死于乱箭，受此牵连而死的贵族更是超过七十人。

春秋时赵国的名将李牧用兵如有神助，早年屡挫匈奴，一役斩首十余万，教胡人十年未敢南窥中原。后来秦国为了统一六国，侵犯赵国，李牧以弱胜强，抗秦护赵，立战功无数，可惜赵王昏庸多疑，听佞臣郭开之言，怀疑李牧造反，把他杀了。没多久，赵国就被秦国派来的王翦大军灭了。

商殃是秦国改革强国的变法家，主张秦"内修明政理以储军国之资，外开疆辟壤与列国争衡"。经变法后，秦国踏着六国人民的尸体走上了统一的道路。可惜商殃功成之后却不能享受成果，被车裂于市。

秦末的韩信在狼烟四起时帮助刘邦逐鹿中原，在与赵国背水一战的著名战役中以三万兵力灭敌二十万，后"明修栈道，暗渡陈仓"，趁强大的楚国不备之时偷袭成功。等到楚霸王自刎，天下初定，兔死狗烹，被陈平、吕后、萧何合谋诛杀在长乐宫钟室！

汉时大将周亚夫，在七国之乱危及汉室江山之时，临危受命，军纪严明又善于用兵，先是快速领兵平定了山东四国，又神袭粮道，平定吴楚乱军，一时风头无二，以致功高震主，这既是他的英雄光辉事迹，也是他不得不死的原因。景帝削了他的爵位，把他扔到监狱中去。绝望的周亚夫绝食五日，死于狱中。

一代名将徐达助朱元璋一统天下，平张士诚，诛陈友谅，南征北讨，功勋卓著，与刘伯温、常遇春等共为开国元勋。可惜伴君如伴虎，朱元璋得帝位后大开杀戒，把开国的功臣都杀得七七八八了，功高有声望的徐达，又怎能幸免于难？

明末蓟辽督师袁崇焕屡破清兵，甚至击毙清太祖努尔哈赤，是清兵入主中原最大的阻碍，可惜为人太过忠直，后来被崇祯皇帝下狱，半年后以"咐托不效，专恃欺隐，以市米则资盗，以谋疑则斩帅"等罪名杀掉了。

当然，有诸如上述血淋淋的事例作为榜样，加之中国历史长河里政治形势险恶，官场黑暗，也有不少士人像范蠡那般厌恶官场，躲避政治，以隐居保全自身。汉初的大将张良帮助刘邦打败项羽后，不留恋高位，及时隐退，得以善终。东晋陶渊明更是远离政界，过着"采菊东篱下，悠然见南山"的田园生活，并以田园诗人的形象流传于世。不过，张良、陶渊明这些人仅仅是独善其身，追求的是个人的自由，而退下来的范蠡"大隐隐于市"，不在其位仍然心系家国，凭借对社会和普通劳苦百姓的关爱之心，专心投入商界，一方面繁荣商业经济，另一方面用赚来的钱善待老百姓。对比之下，其胸怀之广阔、思想之深远、人品之高尚，立刻高了张良、陶潜一筹。

第三节
退隐江湖 名臣为巨贾

范蠡的思想非常丰富，智慧超群，被誉为"治国良臣，兵家奇才，儒商始祖"。《史记》总结范蠡的一生为"与时逐而不责于人"，概括地说，可以用"三聚三散"来形容。

范蠡辅佐越王勾践复兴国家后，舍弃上将军的功名，只装少量珠宝，带领眷属泛舟远去，这可谓"一聚一散"。

范蠡辞去高官厚禄后，辗转来到齐国，改姓名为鸱夷子皮，带领儿子和门徒在海边盖房子住，一方面不怕辛劳垦荒耕作，一方面经商，几年下来，就积累了数千万家产。他仗义疏财，在乡邻间行善积德，被齐人赏识，齐王把他请进国都临淄，拜为主持政务的相国。他深知以一介布衣之身做官做到卿相，经商富甲天下，都已经是极限了，并非好事。于是，才短短三年的时间，他就急流勇退，向齐王归还了相印，散尽家财给知交和老乡，再次隐去，这可谓"二聚二散"。

范蠡第三次迁徙至陶（今山东定陶），此地为贸易要道，在这个居于"天下之中"①的最佳经商之地，操计然之术②来做生意，没几年，又积聚了大量财富。 据《史记》所载，在陶地还发生了这么一件事：到了陶地后，朱公又生了小儿子，至此一共有了三个儿子。后来二儿子因为杀人被楚国拘捕了。自古以来，凡是家有千金的犯人不会在闹市中被处死，因此，陶朱公决定派小儿子带一千镒（古代的重量单位，二十两为一镒，一说二十四两为一镒）黄金去探望二儿子。但大儿子以自杀相逼，朱公只好派长子去，并写了一封信要他送给旧日的好友庄生，并且一切听从庄生吩咐。老大到了楚国，依照父亲的嘱咐如数向庄生进献了黄金。庄生让大儿子赶快离开楚国，老大口中答应，但却偷留在楚国，

①陶地东邻齐、鲁，西接秦、郑，北通晋、燕，南连楚、越。
②根据时节、气候、民情、风俗等，人弃我取、人取我与，顺其自然、待机而动。

并用自己另外私带的黄金贿赂楚国主事的达官贵人。庄生因廉洁正直而闻名于楚，一开始就打算帮助了陶朱公之后把千金归还。他找了机会入宫见楚王，以天象有变将对楚国有危害为由劝楚王实行德政，楚王于是准备实行大赦。陶朱公的大儿子知道后，心想既然实行大赦，弟弟自然可以获释，黄金不能白给庄生，于是又返回见庄生。庄生一听他为了黄金而来，就把千金都退给了他，但又觉得遭到了长子的愚弄，于是又入宫会见楚王，说："现在，陶朱公的儿子杀人后被关在楚，他家派人用金钱贿赂君王左右的人，所以很多人说君王并不是体恤楚国人而实行大赦，而是因为朱公的钱才大赦的。"楚王听罢大怒，先杀掉朱公的二儿子，再下达大赦的诏令。长子只好带着弟弟的尸体回家了。母亲和乡邻都十分悲痛，只有朱公知道了这个结局的必然性："我就知道老大救不了老二，不是他不爱自己的弟弟，只是他从小就跟我生活在一起，知道生活的艰难，所以把钱财看得很重，最终害了自己的弟弟，而老三一生下来就在蜜罐子里，哪里知道钱财来得不易，扔掉也不会觉得可惜，所以老三去才能救到二儿子啊。不要悲痛了，我日夜盼的也就是老二的尸首能回来。"这便是"三聚三散"了。

或许正是因为范蠡"钱财取之有道，放弃也毫不犹豫；高官危难中求得，却不贪恋权力"的"三聚三散"，后人皆尊陶朱公为财神，乃我国道德商人——儒商的鼻祖。史学家司马迁称："范蠡三迁皆有荣名。"世人也称赞他："忠以为国；智以保身；商以致富，成名天下。"

据传范蠡有著作《计然篇》以及《范蠡兵法》，但现在已经找不到了。不过我们依然可以从他的经商经历去窥探他的经营思想。作为一代儒商，范蠡的经商之道用在今天的商界，仍然有不少积极意义。

民间流传着范蠡经商的几个比较著名的故事。第一个故事是贩卖青铜器。说是范蠡到了商洛，发现商洛生产的青铜器很精美，远近闻名，又打听到邻近的秦国对青铜器需求很大，于是就收集了很多青铜器拉到秦国去卖，为了标明身份就在运货的牛车和青铜器具上都铸一个"商"字，"商"的意思是"买卖"。到了秦国国都咸阳，秦人看到商品精美，于是一边叫着"商人来了"，一边抢购青铜器，不一会货物就销售一空。"商人"的名称由此而来，成为买卖商品人的代称。而范蠡看准商机、准确出击的经商手段，使他没多久就富甲天下。

第二个是贩马的故事。说是范蠡看到吴越一带需要好马，而且在齐国收购马匹不难，肯定能赚大钱，于是便想贩卖马匹。不过有一个让范蠡烦恼的问题，就是当时正值兵荒马乱，沿途强盗很多，马匹由齐国千里迢迢运到吴越，难保没有错失，一个不小心，经商不成可能把命都搭上了。但是这又怎么会难倒范蠡呢？他了解到齐国有一个很有势力、经常贩运麻布到吴越的巨商姜子盾。而姜子盾因常贩运麻布早已用金银买通了沿途强人。于是，范蠡找到姜子盾，说愿意免费帮他运麻布到吴越，姜子盾当然乐意之极。最后，麻布连同马匹都安全到达吴越。卖掉马匹后，范蠡赚了一大笔钱。这个故事，可以说是团结协作、合作共赢的最佳范例。

第三个故事则不得不提制陶业。各行各业，据说都有祖师，世代相传，被当作神仙一样供奉，这是旧社会中沿袭的礼俗。宜兴陶业，过去一直奉范蠡为祖师，并立庙塑像，称为"陶朱公"，奉为"造缸先师"。在陶都民间，现在还流传着范蠡制陶的故事。相传范蠡从越国辞官后，先在无锡鼋头渚落脚，最后来到宜兴定居。他看到宜兴鼎蜀山区的泥土粘力特别强，宜作陶器，精明的他因地制宜，发动当地人民从事生产。为了尽力经营制陶事业，范蠡将自己的姓氏也改为"陶"，人称"陶朱公"。不过据考证，范蠡的发财致富，主要是经营农业和商业的结果。他最后住在陶，改姓朱，故自号"陶朱公"，和制陶业无关。况且范蠡所处的时代是在春秋末期，当时的吴越地区制陶业早已有了相当规模的发展，而且宜兴地区发现有新石器时代的古窑遗址，比范蠡的时代早得多。所以，范蠡不太可能是宜兴陶业的创始人。

分析其经商思想，范蠡做生意并不是盲目出击，而是讲求天时、地利、人和的。比如他离开越国后来到齐国经商，其实并非偶然。《史记》称"齐地带山海，膏壤千里，宜桑麻"，具有从事生产的良好条件。范蠡充分利用这里的资源和环境，带领全家人潜心从事生产，把握商机致富聚财。

他提出了"夏则资皮、冬则资絺、旱则资舟、水则资车，以待乏也"的"待乏论"，指出要准备别人没有的或想不到的货物，这样才能在市场上占据优势。这样具有前瞻性的思想，在现今的市场经营中仍然具有借鉴意义。

他还主张"劝农桑，务积谷"、"农末兼营"、"务完物、无息币"、"平粜各物，关市不乏，治国之道也"等。其中值得注意的首先是"农末两利"的经济管理思想。据《史记·货殖列传》记载，范蠡提出了"谷贱伤民、谷贵伤末"①的问题，通过把价格调整到一定范围内，薄利多销，而使得"农末俱利"，这样在促进农业发展的同时又有利于商业的发展。"让农民获利"的思想也符合中国传统思想中经商求"诚信"、求"义"的原则，无愧于他"儒商"的称号。"农末两利"也明确指出了商品价格对生产与流通的影响，其中，调整价格促进生产和流通，在如今也是常用的经济手段。再次，值得一提的是"平粜各物"。怎样把物价控制在一定范围内呢？范蠡主张用"平粜"的办法，即国家在丰收年把粮收购储藏起来，在歉收年时再把粮食便宜地卖出，这在保障民生的同时又起到了平抑物价的作用。可以说，"农末俱利"和"平粜各物"都是具有前瞻性的经济思想，在今时今日的经济领域仍然发挥

①末，意指商人。

着强大的作用。

纵观范蠡一生，此君不愧是我国古代治国理财的杰出人物。他的成功除了超人的智商，更重要的是拥有高人一筹的情商。将越国的国力由弱转强、辅助战败的越王打败吴国需要超高的情商；功成名就后不留恋高官厚禄急流勇退明哲保身需要超高的情商；退隐后经商富甲天下更需要超高的情商。而他的情商来源于他的博览群书和人生经历。可以说，范蠡是一名商业头脑惊人又胸怀广阔的能人，虽然在古代的主流思想中他的作为不被认同，然而其一生艰苦创业，善于经营理财，又能广散钱财，在人们心目中是难得的活财神，故称其为"文财神"，就显得理所当然了。

肆

财富文神比干

文财神比干

　　民间财神信仰中所供奉的财神有文武之分。文武之道虽然各有所司，但发财的目的却是一样。不可否认，正财神赵公明与武财神关圣帝君在民间影响力最大。但每逢春节期间，人们张贴的财神画像中，有一位锦衣玉带、冠冕朝靴、长须拂面、温文尔雅的文财神，这就是殷商贤臣、后来被孔子尊称为"殷三仁"之一的比干。

第一节
皇叔比干 殷商一贤臣

　　《诗经》里唱道："昔有成汤，自彼氐羌，莫敢不来享，莫敢不来王。"有近600年历史的商王朝，鼎盛时期的势力范围北达今天的内蒙古，南到长江流域，西抵青海湖，东至渤海辽东半岛。而商朝的帝王，从开国的成汤到中兴的盘庚以及鼎盛时期的武丁，都是强大昌盛的代表。然而在商王朝的17世31王中，谁的知名度也比不上帝辛，即后人所说的纣王，一出"比干剖心"的悲剧更是把这位君王的荒淫无度、残酷暴虐衬托得入木三分。

河南新乡比干庙

　　比干，子姓，沬邑（今河南卫辉北）人，生于殷帝乙丙子之七祀（前1092年夏历四月初四日），卒于公元前1029年。根据族谱推算，比干是商朝殷帝丁的次子，第16代王帝乙的弟弟，所以是帝辛的叔父。比干原本应该叫王子干，由于他的封地在比（今山东淄博一带），所以大多数人都称他为比干。

　　比干年幼时就表现出聪慧过人的天资，兼之勤奋好学，又因为出身王族得以受到良好的教育，年纪轻轻就才识渊博，文韬武略无所不精，实在是治国安邦的良材。因此，比干才二十岁时就以高位辅佐兄长帝乙治国，待到薄命的兄长离世，又受托以王叔的身份，忠心辅佐幼主帝辛，官拜当时商朝最高的政务官——"少师"（职位相当于一人之下、万人之上的丞相），开始了他忠君爱国、可歌可泣的一生。

根据史料所载，帝辛能够即位为王，比干的功劳最大。在太史公的记载中，帝辛"资辨捷疾，闻见甚敏；材力过人，手格猛兽"，即是说他无论是头脑还是四肢，都很发达。关于这个有实例为证，说是有一次王宫的一根顶梁柱坏了，工匠要搭一个大架子把梁顶住，再换上新柱子。帝辛看见了，便说："你们别搭架子那么麻烦了，我用手托着房梁，你们换吧！"其体力之强健、脑筋之聪敏可见一斑，所以比干很喜欢这位侄儿。不过按照当时商朝的继承法，长子继位，次子分封，所以比干自己都只能做一个封王，而帝辛不是长子，根本不能做帝王。可历史总有其吊诡之处。帝辛的父亲帝乙在位时间很短，临终时召集两个弟弟比干和箕子商量王位继承人的大事，其中的焦点便集中在他的大儿子微子和小儿子帝辛身上。箕子建议立贤能善良的微子，比干则主张让帝辛继承王位，理由是微子虽是长子，但不是帝乙的正妻所生，帝辛虽小，却是嫡子。最终帝乙采纳了比干的意见，让帝辛继承了王位。

帝辛刚登上王位时的表现，也能算得上是一名英明君主，他亲率大军东征徐夷(如今的徐州一带)，在战场上骁勇善战，身先士卒，指挥有度，吓得徐夷酋长反绑着双手、口衔国宝玉璧、穿着孝服、拉着棺材向帝辛投降。帝辛还率领军队一直打到长江下游地区，令东夷部落纷纷臣服，各族归附。当帝辛凯旋时，比干红光满面地带着文武大臣步行几十里去迎接……商王朝在帝辛执掌前期之昌盛繁荣、叔侄君臣之间的感情之深厚由此可见。当时的民谣甚至唱道：纣王江山，铁桶一般……

忠臣比干自以为觅得良君，江山有托，不免心里宽慰。《论语》中称微子、箕子、比干为"殷三仁"，乃是帝辛三大忠臣。《中国通史简编》里也把比干和夏朝的关龙逢、战国的屈原、三国的诸葛亮和唐朝的魏徵同列为敢言直谏、辅助君主改革强国的爱国者。由这些至高的评价可见比干忠直爱国的崇高形象，进而联想到他为人是如何的忠厚耿直、铁骨铮铮！

"忠"字当头的比干身居高位，心忧家国，忧患意识较常人更强，其一贯的工作思想是"主过不谏，非忠也；畏死不言，非勇也；过则谏，不用则死，忠之至也"。意思是说君王有错臣子不进谏那就是不忠了，进谏了即使君王没听进去还因此死去才是忠心的最佳表现。所以凡是有看不过眼的事情，比干都力陈道理，不怕得罪君王，也不怕丢掉荣华富贵乃至性命，希望能够把帝辛引领在正确的道路上，做一位明君，为黎民百姓谋福利。

在百姓的心目中，比干是具有"忠、爱、仁、勇、公"等高贵品质的好少师。比干一生忠君爱国、鞠躬尽瘁，在尽心尽责辅助帝辛打理天下的同时，为国内的老百姓做了许多实事。比如他倡导"民本清议，士志于道"，一方面主张减轻赋税徭役，改善百姓生活，同时也鼓励民间发展农、牧业生产，民富马壮，起到了巩固国家根本的作用。另一方面他又重视冶铸，提倡冶炼铸造、打造兵器和生产农具等，提高了国内的生产效率的同时又为保家卫国提供了有力的武装。也正是他这富国强兵的思想，让当时的商朝经济发展迅速，百姓安居乐业，国力强盛，军备精湛，再加上帝辛骁勇善战，其他贤臣从旁协助，一时之间，周边小国以及宗族纷纷归附，唯商王朝马首是瞻。

第二节
忠贞直言 自剜玲珑心

绝对的权力必然带来绝对的腐化，天之骄子帝辛也敌不过酒色的诱惑，很快就"腐化堕落"了。他一方面亲近奸臣，疏远忠良，另一方面大兴土木，还役使奴隶建造了历史上著名的摩天大楼——摘星楼，整天在上面与美女寻欢作乐，夜夜笙歌，醉卧美人膝，商朝的行都也因此改名为朝歌(今河南省淇县)。

没多久，帝辛就变成了一个顺我者昌、逆我者亡的暴君，种种劣迹完全能让天下人忘记他曾经开疆拓土、强盛国力的功劳，而想弃他而去。但是比干不能离弃帝辛。因为比干知道，身为王叔，他有引导侄儿回归正途的责任；身为臣子，他有劝谏君王的责任；身为少师，他有力挽狂澜造福百姓的责任。种种责任加诸一身，让比干注定站在帝辛的怒火之下。

比干看到帝辛的所作所为，失望难过之余也十分愤怒。他提醒自己"我是皇伯，强谏于王"，来到帝辛面前坦率直谏，并带着

清代文财神比干像

帝辛去祭祀祖宗，趁机列举历代先王的故事用以激励帝辛。从商汤创业时的艰难，到盘庚用茅草盖屋的勤俭，到武丁和奴隶一起砍柴锄地的辛苦，到祖甲约束自己喝酒不过三杯的自律……比干列举商朝先君的众多事迹，想借此教育侄儿，可惜帝辛没有听进去，依然我行我素，在酒池肉林里醉生梦死，荒废朝政。

比干不死心，请来箕子和微子继续向帝辛进谏。帝辛却将箕子的头发剪掉，把他囚禁起来，又把微子逼得抱着祖先的祭器远走他乡。许多大臣看到帝辛已经不可救药了，纷纷弃商投周。帝辛已经落到了众叛亲离的地步。而此时，周武王率军东征已经打到了孟津，背叛殷商来和周会盟的大小诸侯有八百多个。可以说，这时的商王朝已是岌岌可危了。

比干觉得为人臣子不能在国家危难时离弃而去，就是杀头也得据

理力争，于是又跑去摘星楼劝谏。其实，比干身为王叔，又是扶持帝辛即位的大功臣，那时的帝辛多少还是有点怕比干，所以一开始便避而不见。比干哪肯就此罢休，不把执迷不悔的侄儿劝回正道以挽救国家，他有何面目面对列祖列宗？于是比干在宫门外长跪不起，奈何帝辛死活不出来，他迫于无奈，索性就在宫门之外大声痛斥帝辛的过错。帝辛终于被比干骂得恼羞成怒了，他跑到宫门口指着比干喝问："你为什么这样坚持？"比干说："我身为大臣，劝谏君王正是我应该做的事。前车可鉴，商之前的夏朝最后一个皇帝桀不行仁政以致失了天下，难道大王你也学这个无道之君，不怕丢失了天下吗？"

比干的一番话真是大义凛然，可惜太过直接，被人当面指出错误连普通人都觉得面子挂不住，何况听惯阿谀之词的帝王，被人骂昏庸无度又比作亡国之君？帝辛勃然大怒，于是说："我听说圣人的心有七个孔洞，你既然说得那么大义凛然，当然自比圣人了，不知道你是不是也有七窍玲珑心呢？"说完后，帝辛下令剖开比干的胸膛，挖出他的心来。看着一手扶持起来的侄儿帝辛残忍至此，比干的心里自是苍凉无比，又感绝望，既然劝谏不成，唯有直面死亡，以心祭国……

比干最终还是死在他一心一意扶持的侄儿帝辛之手了，终年63岁。史传，比干死后，感天动地，天降大风，飞沙走石，卷土将比干尸骨埋葬，所以比干的墓穴又叫"天葬墓"，墓四周生出许多无心菜和空心柏树，长伴剖心为公的比干。后人有评价曰："自古拒谏之君莫甚于纣，自古死忠之臣莫甚于比干。"其一生虽然不算长，却可谓无愧于世、感天动地、忠义长存。

比干死后，当时自称"受命于天"的周武王带领诸侯讨伐帝辛，于"一月戊午，师渡孟津，作《泰誓》（据传收录在《尚书》中，但今《尚书》中已没有这一篇，后人难知真伪）三篇"。"誓"是一种体

108

例，大致相当于今天的演讲词。古时候推翻一个王朝是需要借口的，不然就是逆天而行、师出无名。所以周武王讨伐商纣王以《泰誓》为誓词，猛烈抨击帝辛的劣迹，又于第三篇中列举比干尽忠却被剖心惨死的例子，一方面强调纣王无度，出师是"顺应天命"，为自己"造反"找了一个名正言顺的理由，另一方面则是激起追随者对帝辛的厌恶、激励士气、团结一致抗敌。

实际上比干这样的悲惨遭遇，在君主集权社会里跟其他忠臣的际遇区别不大，算不上有特色。不过明代著名作家许仲琳的代表作《封神演义》，把比干的生平润色了一下，在真人事迹的基础上加上神妖狐魅的幻想，为比干的一生增添了许多传奇的色彩。

在《封神演义》里，比干身份没变，仍被描绘成不世出的贤人，有一颗"七窍玲珑心"，心思慧敏而为人公正。他的侄儿纣王和狐妖妲己不但在摘星楼里"流酒为池，悬肉为林"，整日寻欢作乐，还残杀劝谏的忠臣贤士。妲己喜欢看人受虐的情景，于是发明了"炮烙"之刑：用铜做成空心的柱子，行刑的时候，把犯人脱光衣服绑在柱子上，再把烧红的炭火放进铜柱子。妲己说她有辨认腹中胎儿是男是女的本领，纣王就抓来100个孕妇，先让妲己猜测，再当场剖腹检验……

种种恶行，直把忠直的比干气得浑身发抖。但在比干的心目中，纣王的本质是好的，只不过红颜祸水，被妲己带坏了而已。只要杀了妲己，侄儿就会回复明君本色。于是他来到纣王和妲己寻欢作乐的场所——摘星楼，在纣王面前列举先王汤君的仁德，直言君王的错误，斥责妲己祸乱天下，请求将她斩首，满门赐死，并要纣王改过自新，以振朝纲。

因为比干曾经火烧狐狸洞，九尾狐化身的妲己一直耿耿于怀，记恨在心，这时又见比干想把她置之死地，还不乘机拔去眼中钉吗？她在纣王耳边添油加醋地说比干的坏话，又诈称身体有病，要吃比干的七窍玲珑心才可以治好。已经开始厌恶比干的纣王当下把他叫到宫里，说："爱妃妲己得了心痛之疾，只有玲珑心才可以治愈，皇叔你有七窍玲珑心，借一片来治病吧。如果爱妃治好，你就有很大的功劳了。"

叔侄俩随后的对话，见《封神演义》第二十六回原文：

比干怒奏曰："心者一身之主，隐于肺内，坐六叶两耳之中；百恶无侵，一侵即死，心正，手足正，心不正，则手足不正。心为万物之灵苗，四象变化之根本。吾心有伤，岂有生路？老臣虽死不惜，只是社稷邱墟，贤能尽绝；今昏君听新纳妖妇之言，赐吾摘心之祸。只怕比干在，江山在；比干亡，江山亡。"纣王曰："皇叔之言差矣！今只借心一片，无伤于事，何必多言。"比干厉声大叫曰："昏君！你是酒色昏迷，糊涂狗彘，心去一片，吾即死矣。比干不犯剜心之罪，如何无辜遭此飞殃？"纣王大怒曰："君叫臣死，不死不忠；台上毁君，有亏臣节，如不从朕命。武士拿下去取了心来。"比干大骂："妲己贱人！我死冥下，见先帝无愧矣！"喝左右："取剑来与我！"奉御官将剑递与比干，比干接剑在手，望太庙大拜八拜，泣曰："成汤先王！岂知殷纣断送成汤二十八世天下，非臣之不忠耳！"遂解带现躯；将剑往脐中刺入，将腹剖开，其血不流；比干将手入腹内摘心而出，望下一掷，掩袍不语，面似淡金，迳下台去了。

这个"比干剖心"的过程可谓饱含了一代贤臣的愤怒和绝望。在《封神演义》里，比干剖心后还能不死，是因为昔日姜子牙曾算出他有此大劫，留下救命符纸。比干来见纣王之前已经把符纸化灰喝下，因此受法术保护五脏六腑，剖出心脏后仍然不死。但此符有一弱点，就是不能听到别人提醒"人无心即死"。可怜一代名臣命该绝于此。比干"剖心"后过九龙桥出午门，骑马飞快地走了好几里地，碰到一个妇人叫卖无心菜。比干听到后勒马问道："人如果没有心脏会怎么样？"妇人回答道："菜可以无心，但人不可，人如果无心就会死。"话音刚落，比干大叫一声掉下马，气绝身亡，热血洒了一地。可怜一代名臣，就这样死去。

比干是一个性格刚强、坚毅的人，他不畏强暴，集忠、勇、仁、义于一身，被誉为"亘古第一忠臣"。后世谏臣和言官常常把比干当做自己的榜样，继续在忠臣的道路上前赴后继，鞠躬尽瘁，死而后已。

第三节
天命财神 无心便不偏

相传比干还是林氏的先人。说是比干死时，他的夫人妫氏（即后世所说的陈氏）刚怀孕三个月，怕被牵连而保不住腹中的孩儿，便逃出了朝歌，后辗转流落到长林石室（今河南省淇县黄洞乡仙人梯安乐窝）生了个儿子，起名叫坚。周武王得天下后，特意给比干以至高的赞誉以褒奖他，还整修加高他的坟墓，最后又派人寻访到他的夫人和儿子，封妫氏为"忠烈夫人"，因坚出生在林，便赐林为姓，所以历史上叫他林坚。这人便是林氏的始祖，所以林坚的父亲比干，

文财神比干

自然是林氏的太始祖了。林氏后人遍布世界，尤其以台湾居多，是中国的大姓，能人贤士辈出，甚至连世界各地人所熟知的"妈祖"林默，也是比干的后代子孙。

《封神演义》里，周武王把商朝灭掉后建立了周王朝，国师姜子牙追封比干为"文曲星君"，作为智者的象征，掌管人间科考中举、福德兴庆之事。而在史实里，比干一生丰功伟德，被杀之后依然为后人怀念，《易·系辞》中就称比干"是故蓍之德，圆而神"，把他奉为国神，周武王也对他甚为尊崇。不过在民间信仰中，比干却成了文财神（一说为"财帛星君"）的化身。

民间财神殿中供奉的比干，头戴宰相纱帽，五绺长须飘飘，手捧如意，身着蟒袍，足蹬元宝，一身文官的打扮，面容清癯而严肃，不像如今民间年画里的财神那样笑嘻嘻的，又有富态的体相，大概是要以此区别彰显他公正无私的形象吧。

可文臣比干是怎么跟财神扯上关系的呢？

一个说法是，比干剖心后，离开王宫来到民间。他虽然没了心，但因吃了姜子牙给他的灵丹妙药，并没有死去，而是来到民间广散金银财宝，救助穷苦无依的老百姓，继续为天下黎民谋福利。因为比干无心，也就无偏无私，办事十分公道。当时在比干手下做生意，绝对是公平交易，童叟无欺。做买卖的人也以他为榜样，诚信交易。因他心地纯正、率直无私，再加上"财帛无心，有德斯昌"，符合财神的形象，所以深受人们的爱戴，成为民间尊奉的文财神。

另一种说法是，在科举时代，士人学子以考取功名为重，科考中举后，功名利禄、荣华富贵、如花美人都可以得到。而比干在《封神演义》里被封为文曲星君，本来就是主宰"文"的，是决定士人前途的"神"，所以文人供奉比干，希望可以获得功名禄位。演变到后来，越来越多的人供奉比干，比干就逐渐演变成大众心目中的财神了。

还有一种说法是，比干死后升天，去见玉皇大帝。玉皇大帝认为他高风亮节，为人刚正不阿，爱国爱民，又公正无私，非常尊敬他，因此封他为文财神，并赐了金圣孔雀给他做坐骑，让他主管世人的财运，让世间的商品贸易可以做到公平交易、各得其利。从此以后，正直的财神比干便经常骑着金圣孔雀巡视民间，促使贸易公平稳当、健康繁荣地发展。传说他还常常化身为普通人，到民间考察呢！而民间凡是奉行公平交易、诚实经营的商人，据说都会得到财神比干的庇护，生意兴隆，财源滚滚。

以上三种说法虽然大相径庭，但是都可以看出，比干作为财神，并不是因为他拥有惊人的财富或者卓越的经商才能，史书上也并没提及他懂得经营之道。他之所以被尊奉为财神，归根到底，是因为其无私奉献、诚信公正、正直忠厚的高尚品格让人们心悦诚服。这也一定程度上反映了人们在商品交易的过程中渴求公平公正、痛恨欺诈的心态。

比干神像

可以说，财神比干所代表的，不是财富，也不是经商手段，而是一种商业道德规范：心系家国，剖心殉国，是为"仁"；为了把迷途的侄儿帝辛引回正途，为了挽救国家民族，费尽口舌，是为"义"；忠厚正直，以身作则，身体力行，统领百官，为国操劳，是为"信"；悲悯万民，关注民生，不独善其身而胸怀天下，是为"爱"。比干身上体现出来的"仁"、"义"、"信"、"爱"等崇高道德品质，正是现代商业道德的核心思想。正所谓"君子爱财，取之有道"，贪小利者是很难赚大钱的，没有诚信、见利忘义的人让人避之唯恐不及，又怎能致富聚财呢？心中没有对世人的关爱之情，做生意不择手段、损人利己更是为人所不齿。所以，对财富的追求，自然应该本着"道"和"德"的价值取向来实现，做到见利思义、互利共赢。而比干圣洁高尚的品质恰恰是代表了这些价值取向的，犹如漫漫历史长河中闪光的金子，是数千年华夏文明中"以德为先，取财有道"的儒商的行为准则和道德规范，指引着古往今来的经商者乃至整个贸易行业在良性的竞争和合作中健康发展。

诸位民间财神中，从比干到赵公明，从范蠡到关羽，每一位受人推崇的原因都不相同，但是每一位成为财神的过程都大抵相同。纵观历史上的财神文化，其实财神崇拜只是在民间诞生的一种民俗现象，是在人们由"重农轻商"的思想到"金钱排上"的道德观念转变之后慢慢出现，并结合了政治和经济的发展最终形成的。所以财神是我国民间信仰中占有重要地位的一种神祇。直到今时今日，民间依然有供奉财神的习惯，逢年过节还会在门厅贴上财神绘像以图吉利，并且备酒烧香膜拜，希望财神能够保佑子孙发家致富、家族兴旺。

伍

财富副神曹宝、萧升、陈九公、姚迩益

五路财神

民俗通常把赵公明及四名亲如兄弟的爱将曹宝、萧升、陈九公、姚迩益合称为五路财神，又称"五路神"、"路头财神"、"路头之神"。赵公明为财富正神，其余四人属于财神队伍中的副财神、偏财神。他们正式的称号为：中路财神武财神赵公明；东路财神招宝天尊萧升；西路财神纳珍天尊曹宝；南路财神招财使者陈九公；北路财神利市仙官姚少司[1]。拜五路财神，

①利市仙官姚迩益，也有称作姚少司。

意味着收尽东南西北中五方之财。在江南民间，尤其是吴越地区的年画中，五路财神是常见的形象，深受人们崇拜和喜爱。在这些吉庆年画中，赵公元帅、招宝、纳珍、招财、利市都有体现，有时他们又和文财神、和合二仙一起出现。确定赵公元帅为首的五人为五路财神，始出明代许仲琳长篇神魔小说《封神演义》：姜子牙封赵公明为"金龙如意正一龙虎玄坛真君"，统率"招宝天尊萧升"、"纳珍天尊曹宝"、"招财使者陈九公"、"利市仙官姚少司"四位神仙，专司迎祥纳福、商贾买卖。

传说每年正月初五是财神节。这一天，各地都会举行隆重的祭祀财神仪式，场面十分壮观。许多人家尤其是发财心切的商家，天还没亮就起床点起香烛，四五点的时候，争着放头一通炮仗，迎接财神进门，俗称"抢路头"。清代姚富均《铸鼎余闻》中记载："五路神俗称财神，其实即五祀门行中霤之神，出门五路皆得财也。"意即出门五路，处处有神灵，路路通财。故而，人们期望接引各方财进门，俗称"大发四方"，寄托了人们对财富的希冀和向往、对出门在外"一路平安，四季发财"的美好愿望。

古时候，人们如果要做长途远行，通常要慎重翻阅黄历，以选一个宜出行的黄道吉日，祭祀过路神后才出门。渐渐地，这路神与财神的神职有了交集，出于商业发展、金银钱财货币流通的需要，财货往来于水陆之间，人们自然而然地将道路与财富紧密地联系起来。《礼记·典礼下》中的"祭五祀"，郑玄注云："户、灶、中霤、门、行也。"即祭祀户神、灶神、土地神、门神、路头神。

118

第一节
曹宝萧升 二仙岭散仙

　　曹宝、萧升、陈九公、姚迭益四人成为副财神，并紧密地团结在正财神赵公明周围，成为一个职权划分明确、组织架构完善的财神团队，不得不说，成书于明代的神魔志怪小说《封神演义》功不可没。当然他们的出现，作为绿叶的角色更多一些，由赵公明分别引出这四人，演绎了一出生前死对头、死后封神成一家的传奇故事。

　　第四十六回　广成子破金光阵　"话说闻太师独自寻思，无计可施，急然想起峨嵋山罗浮洞赵公明，心想若得此人来，大事庶几可定；忙唤：'吉立、余庆好生守营，我上峨嵋山去来。'"闻太师与西岐一战，十绝阵被破去了六阵，损兵折将，心情郁闷之时，突然就想起了一个厉害人物——峨嵋山罗浮洞赵公明。从这里开始，赵公明出现在公众面前，其法力高强，性格刚毅果断，先下手为强，在一系列的斗法交锋中，渐引出曹宝、萧升二人。

　　赵公明以"定海珠"打得众阐教中人无还手之力，燃灯道人见势不妙，拨鹿就走，往西南方向去了。赵公明随后追赶，二人一个逃一个追，到了一个山坡，坡上一株古松，松下有两个道人正在下棋，衣服是一个青一个红，脸色是一个黑一个白，这样的设计很有意思，俗语称"青红皂白"，这萧升、曹宝二人才一出场，就极具深意：赵公明要替截教门人出头，对以姜子牙为首的阐教众道人还以颜色。萧

纳珍天尊曹宝

119

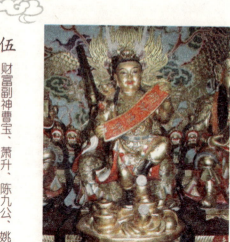

招宝天尊萧升

升、曹宝二人不问青红皂白，就参与了进来，看他们的唱词①分明是讽刺赵公明执念太深，勘不破，放不下，深深看重的道门同门之情不过是水中冰，虚妄得很。赵公明心中有气，但又不认识对方，只好先问对方来路。"二人笑曰：'你连我也认不得，还称你是神仙？听我道来：堪笑公明问我家，我家原住在烟霞；眉藤火电非闲说，手种金莲岂自夸。叁尺焦桐为活计，一壶美酒是生涯；骑龙跨出游沧海，夜静无人玩月华。'"原来神仙之间也有江湖啊，这二人的口气大得很，认为赵公明连他俩都不认识，根本不算什么神仙。仔细一听，原来两人是在武夷山修道的逍遥散仙，于烟霞缭绕处，幕天席地，一方古琴，一壶美酒，能驭龙升天，周游四海。这样的生活却是修道中人的样板生活模式啊，二人之前的确有些自视甚高了。

接下来，就完全是江湖上路见不平拔刀相助的戏码，二人坚决要替燃灯道人出头，一言不合就施法斗了起来。赵公明惯常使的是钢鞭，萧升、曹宝二人用的却是宝剑，常规武器你来我往才斗几个回合，赵公明急脾气，想立刻解决战斗，马上祭起他百试不爽的法宝——缚龙索，不料，这回可真是遇到克星了。萧升却有克制缚龙索的法器——落宝金钱，还长着一对小翅膀。往天上一丢，缚龙索与落宝金钱一同掉下地，被萧升收了。赵公明急了，打出自己的最后一张王牌"定海珠"，这可是赤精子、广成子、燃灯道人等阐教厉害人物都忌惮的法宝啊，不料，又栽在那小小的落宝金钱上。定海珠也落下地来，被曹宝急急忙忙抢了去。

①类似于打机锋的话。

这一下，赵公明急红眼了，气得三尸神暴跳，干脆提鞭来打，那萧升两次得手，不免有些轻敌，想都不想就再次用落宝金钱，这回却吃了个大亏：那钢鞭却不是法宝，只是赵公明惯用的武器，落宝金钱落不下赵公明手中的钢鞭，却被他一鞭打得个脑浆迸裂，做得一场散谈闲人，魂归封神台。萧升的故事到此落下帷幕，后面的就是点出受封的封号了。在这里，萧升其人综合实力却是要比赵公明逊色，最吸引人眼球的是那个神奇的落宝金钱，这已经为后来它的主人被封为"招宝天尊"埋下了伏笔。

再说失去同伴的曹宝，虽然有燃灯用乾坤尺暗中偷袭，重伤了赵公明，使他免步萧升的后尘，但心情沮丧之处无以言表，干脆就将定海珠给了燃灯，随同他一同去了西岐，加入了伐商大军。

赵公明去三仙岛找他的三位妹妹借金蛟剪与混元金斗，向妹妹们叙述自己失去法宝的经过时，对萧升、曹宝的几句评价很有意思："不意赶至中途，便遇散人萧升、曹宝两个无名下士，把吾二物收去；自思辟地开天，成了道果，得此二宝，方欲性修真，在罗浮洞中以证元始；今一旦落于儿曹之手，心甚不卒，特到此间，借金蛟剪也罢，或混元金斗也罢，拿下山去，务要复回此二宝，吾心方安。"意思是曹宝萧升两个无名小卒，我赵公明是在阴沟里翻了船，栽在这两个小子手中，这口恶气叫我怎么咽得下？就此，我们不难推测，隐藏着没有提及的故事，是赵公明气不平，等到三人魂魄同归封神台后，来了一番公平公正的较量，最终是将这两位让他平生第一次栽跟斗的"无名小卒"收服了，变成自己的跟班。这样的结果倒是很符合赵公明刚烈、争强好胜的个性。

其后，几经波折，西岐那边又出现了一个来助阵的术士陆压，这人献了一个极为歹毒的计，即用钉头七箭书射杀赵公明。他让姜子牙做了一个草人，写上"赵公明"三个字，草人头上一盏灯，脚下一盏灯，画

121

符结印焚化，一天拜三次，直拜得赵公明心烦意乱，坐立不安，到后来元神涣散，昏昏入睡了。人之将死其言也善，鸟之将亡其鸣也哀。赵公明到了如今这般终日昏睡有如活死人的田地，才将平日里争强好胜的心思全抛开了。好不容易被闻太师叫醒，一听说自己两个徒弟都因为救自己丢了性命，后悔当初没有听从妹妹的劝告，回顾自己这一生，早期春风得意，得道成仙，如今却被人活活整死，还一点办法也没有，悲愤之余又万般无奈，竟然交代起了遗言。这一来当初请他出山的闻太师自然是不好受，却激起了十绝阵之一的红水阵阵主王奕的义愤，誓要给赵公明讨回公道，于是出营摆下阵势，来到西岐军营前叫阵。这一回就又引出曹宝的故事了。

燃灯到了此时，显然是不愿意再出战，一来是着实怕了赵公明等人，还有十绝阵，前一阵子还被人家追得满世界跑，刚得了个定海珠，还没等拿出来显一显呢，就被赵公明用借来的金蛟剪将自己的心爱坐骑梅花鹿一剪两截儿，能不留下心理阴影么？出来一看，是那阴毒万分的红水阵阵主王奕叫阵。左边是哪吒，不行，得堪大用；右边是杨戬，更不行，人家师父玉鼎真人可是救过自己的性命啊，再说了杨戬七十二般变化，也得好钢用在刀刃上……左盘算，右盘算，只剩一个自己不太熟悉、又没什么背景的武夷散人曹宝了。于是乎就心安理得地吩咐："曹道友！你去破阵走一遭。"这分明就是变相地说："没办法了，只有拿你先垫底了。"虽说慈不掌兵、义不掌财，可燃灯此举，确实让人看不出他这样调兵遣将的意义在哪里。就算你西岐打着替天行道、顺应天命的大旗，有的是人才前来归附，也不能这样不拿人命当回事啊。毫无战略意义的牺牲，还要给自己这种行为披上道义的外衣。可悲的是曹宝并不能推辞，既然打出了道义的旗号，纵然知道此战有去无回，也只得硬着头皮上了。或者，我们乐观一点猜想：修道之人将生死已经看淡了，没有我等眷恋红尘之辈的一般执念。又或者他已经失去了朝夕相伴的伙伴，此时也是生无所恋吧。总之，曹宝就这么慷当以慷，风萧萧兮易水寒、壮士一去兮不复还地踏上了宿命的归路。

王奕与曹宝的一番对话也很值得玩味。王奕不是嗜杀之人，故而先就解劝，说曹宝是个闲人，这里的事与你无关，还是别来白白送死的好。曹宝却是一番义正词严的说辞，不但说对方违背天意，还说赵公明自作孽不可活。这一来正中王奕的痛脚，当即不再跟他废话，你来我往地斗起来。奇怪的是，曹宝此时却什么法宝都没用，只拿着一

民间年画五路财神

柄剑。落宝金钱呢？哪怕是把他和萧升两人打下来的"定海珠"拿来用一下也可以啊，是他忘了向燃灯讨，还是明知去讨也没用？总之就这么火急火燎地打了几个回合，王奕回身就往阵中走，曹宝二话不说就跟上来，想都不用想了，或者前期他连向燃灯等人请教一下阵法的奥秘之类的调查准备都没有做。临到阵前，又轻率冒进，连最基本的分析判断都没有，就跟着王奕进入阵中。毫无悬念地，王奕将葫芦一泼，涌了一地的红水，身上粘上一点点就化为血水——分明是传说中恐怖至极的化尸水嘛！就这样，曹宝被化成了一堆血水，空余一身道袍衣带。灵魂么，自然飞去了封神台。看到这里，曹宝完完全全就是那炮灰型的角色，有意思的是，他所受的不公平待遇，却是要借着害他性命的王奕之口说出来："燃灯甚无道理，无辜断送闲人。玉虚门下高明者甚多，谁敢来会

吾此阵？"燃灯你不讲道理了，无缘无故让无辜不相干的人来送死，你玉虚门下号称高手云集，再叫个够分量的出来吧！不知封神归位的曹宝以后见到燃灯，是不是心中存着一口怨气。不过，那都是后话了，属于诸神之间的纠葛了。

萧升、曹宝二人的正式亮相是在这部成书于四百多年前的小说中，但从作者惜墨如金的几处描述中可知，显然作者一早就设定了这二人封神榜上有名姓、财神队伍里少不得的结果，所以匆匆设计了二人的死。萧升是得意之时峰回路转，死得突兀；曹宝是无奈之下视死如归，死得冤枉。二人因赵公明而卷入纷争，魂归封神台；又因这一番渊源，阴错阳差地成了赵公明的下属。赵公明的定海珠、缚龙索、金蛟剪、混元金斗，那叫一个金光灿灿、光华满目啊，财神的气派已经显露无疑；萧升的落宝金钱，有多少宝贝都得收入他家，招宝天尊非他莫属；曹宝捡了个便宜，萧升打下的定海珠，他抢到手里，可不正是纳珍天尊吗？

第二节
截教门人　陈九公与姚迩益

说起陈九公与姚迩益，就要先弄清楚什么是阐教，什么是截教。因为这二人出现在公众眼前，还是那部著名的神魔志怪小说《封神演义》的功劳，流传至今，陈九公与姚迩益的身份已经被定位为：峨嵋山罗浮洞赵公明弟子，截教门徒。姚迩益，也被称为姚少司。他俩正式的封号是：南路财神招财使者陈九公；北路财神利市仙官姚少司。

在鸿篇巨制《封神演义》中，以历史上真实的武王伐纣事件为蓝本，虚构了道教中不同分支教派之间的斗争，引出一系列神道人物。

道教最高神三清：玉清元始天尊、上清灵宝天尊、太清道德天尊。

最早出现的是太清道德天尊太上老君，元始天尊出现得较晚，《道教义枢》卷七引《太真科》说："大罗生玄元始三气，化为三清天也：一曰清微天玉清境，始气所成；二曰禹余天上清境，元气所成；三曰大赤天太清境，玄气所成。从此三气各生。"灵宝天尊排在第二位，居住在禹余天，又称为"太上大道君"、"上清大帝"，也有人据此推测，灵宝天尊就是《封神演义》中提到的通天教主。当然这种推测也与小说中所虚构的"一道传三

陈九公与姚少司

友"的典故有关：话说道教最初的师尊是一名道号为鸿钧的道人，他传道于三人：元始天尊是阐教教主、通天教主是截教教主、道德天尊太上老君却并没有开山立派。阐教与截教的斗争，是这部影响力深远的作品中的主线。"阐"意为阐述、阐发，说明，讲述明白。《易·系辞下》："夫《易》彰往而察来，而微显阐幽。"在道教真实的历史上，是没有阐教、截教两个分支的，"阐教"的"阐"，大约因为明朝嘉靖年间，明世宗朱厚熜曾赐给他所宠信的道人龙虎山上清宫道士邵元节一枚"阐教辅国"的玉印，从字面上看，意思是希望这位邵姓道人将道教发扬光大，并担当起辅国、护佑江山社稷的大任。可能是因为这一事件在当时造成的影响相当大，作者受这一事件启示，虚构了一个"阐教"教派，其门人皆以助"天命所归"的西岐来伐商诛纣、替天行道为己任。

混沌初开两仪分，有代表正义生发的"阳"的阐教，必然就有与其相对的、代表阻止拦截的"阴"的一方，于是"截教"称谓由此而来。

姚少司（左）陈九公（右）

截，割断、弄断、阻拦、分隔之意。弄清了阐截两教的关系，对于我们理解两派门人之间的斗争纠葛就大有助益了。

阐截两派之争，其实是道教内部的斗争在文学中的反映。截教门徒通常自称"炼气士"。所以一般认为阐截之争是明代道教中得势的丹鼎派与被排斥的吐纳派之争，此外还包括南宗、北宗，天师道与全真教之争，在小说中都有隐晦的表现。

在这样的大环境下，陈九公与姚迩益作为截教门徒，是截教二代弟子赵公明的门人，供赵公明差遣，其所作所为都是围绕赵公明而来，包括闻太师前往峨嵋山罗浮洞游说赵公明出山，赵随即对自己洞府内做了一番安排。他特地唤来门徒陈九公、姚少司，干脆地吩咐：随他去西岐。转身又吩咐其他的小童：好生看守洞府，他去去就来。且不说此行是否如他所预料的那样轻松和顺利，单看这一番安排，我们可以很清晰地推测出：陈九公与姚少司二人平日里必定是极得赵公明信任，忠心耿耿；道行修为也是在赵公明诸门徒中出类拔萃的。所以这次赵公明打算出山相助闻太师，他们二人是随行的最佳人选。从后来赵公明与他三个妹妹的对话，以及赵公明中了陆压的钉头七箭书，心知必死无疑之际所发的悔悟之语，可以料知：赵公明在打算出山之前，就已经想过这其中的利害关系，也知截教门人逆天而行，必然遭劫，迟早是封神榜上有名姓、以灵魂元神晋升仙班的结局。赵公明修行千年，前期可谓是一帆风顺，事事如意，现在，明知结局不甚看好，却仍要顶风而上。个性中争强好胜、看重同门义气的原因固然是有的，但潜意识里未免还有些顺天应命的思想在里头——就算事不可为，大不了就去封神台逗留一段时日，等天下安定，姜子牙封神事毕，领了差使，照样是神仙。如此思量再三，赵公明便打定主意，这浑水是趟定了。

自从阴沟里翻了船，平生所倚仗的最为得意的法宝缚龙索、定海珠被萧升、曹宝以落宝金钱收去以后，赵公明长吁短叹，当即吩咐陈九公、姚迩益二人留在成汤军营里等候，自己前往三仙岛搬救兵去了。

赵公明借来法宝，风光一时，但终究一山更有一山高，被术士陆压作法，用钉头七箭书弄得昏昏欲睡，元神涣散。十绝阵阵主之一的张天君提议，下令让陈九公、姚少司二人趁着夜幕，行土遁之术去往西岐，将那钉头七箭书抢回来。至此，陈九公、姚少司二人的命运完全和赵公明捆绑在了一起，结局已定。

二人此行的目的，早被陆压掐指一算，知晓得清清楚楚。燃灯立刻派遣杨戬、哪吒二人前去姜子牙处报信。二人一快一慢，一前一后。哪吒终究是慢了一步，陈九公、姚迩益二人已经得手，而且情况十分紧急，哪吒转述陆压的话，这钉头七箭书要是被抢了去，自己这一方众人的生命都有危险。姜子牙这才着了慌，赶忙命令哪吒去追赶。这时尚在路途之中的杨戬就赶了个正着，恰恰撞上了已经抢到钉头七箭书、施展土遁术回营的陈九公、姚迩益二人。他随即施展幻术，变幻成一座成汤军营，自己变作闻太师，引得二人乖乖将书献上。二人醒悟后，随即四口剑来斗杨戬，只杀得天惨地昏，难解难分，脚踏风火轮的哪吒赶到，随即加入战团，二比二平，陈九公、姚少司二人联手应付杨戬已是吃力，哪里还有余力再应付一个勇武善战的哪吒？只见哪吒红缨枪一搠，刺死姚少司；杨戬三尖两刃戟一戳，正中陈九公胁下要害，二人的灵魂也去了封神台。

二人的死讯第二天才被闻太师等人知晓，昏睡中的赵公明一听自己的两个门徒都因抢钉头七箭书而亡，顿时知晓大势已去，后悔不迭。

第九十九回，姜子牙归国封神一章里，姜子牙 "特敕封尔为金龙如意，正一龙虎玄坛真君之神，率领部下四位正神，迎祥纳福，追逃捕亡，尔其钦哉！" 四位正神：招宝天尊萧升，纳珍天尊曹宝，招财使者陈九公，利市仙官姚少司。据此，赵公明与四人已经成为一个整体，正式担任五路财神的职责。

第三节
财神路上　招财四副使

招宝天尊、纳珍天尊、招财使者、利市仙官成了正财神赵公明的部下，故而，民间又称他们四人行使的是副财神的职能。其中招财使者陈九公，也有地方称之为招财童子，认为是从佛教中南海普贤观世音菩萨的侍童善财童子演化而来，明代吴承恩所著的《西游记》里，观世音收服火云洞红孩儿，就吩咐他在自己跟前做了个善财童子。

四人当中，当属利市仙官姚少司名气最大，其次是招财使者陈九公。利市，本义是指做买卖所得的利润、赚头，也含运气好、吉利之意，即所谓 "开门大吉，讨个利市"；对办喜庆事时赠给有关人员的钱物也称 "利市"。这个词最早出现在《周易·说卦》： "为近利，市三倍。" 古代的文人也有借用这个词取代润笔费，把为人撰文、做书画所得的报酬称为 "利市"，意为取之有道、喜庆吉利。如明朝号称江南四大才子之一的唐伯虎有一本很厚的账册，就是记录所作字画及为人书写题字所获得的钱财礼物等报酬，账册封面上便简单明了地题写上 "利市" 二字。

　　宋元年间，利市仙官就很受欢迎。不过，当时是以女性神祇的身份出现，元代《虞裕谈撰》载："江湖间多祀一姥，曰利市婆官。"即称呼其为利市婆官。"仙官"原是道教用语，道经《道门经法相承次序》云："上士得道，升为仙官。"后用来广泛借指各路神仙。大约"婆官"的称呼总不如"仙官"二字来得正统有威慑力，于是逐渐就变成今日"利市仙官"的叫法了。

　　利市仙官相较于文武财神来说，其神职更低，但却更受商人们的欢迎。利市又被写作"利是""利事"，取其大吉大利、好运连连之意。年节期间，生意人派发的红包叫做"利事"，即希望做任何事情都顺利的意思。又因为"事"与"是"谐音，意思也有相通之处，所以很多人又把"利事"写成"利是"。想来"利市"二字所代表的利润、吉庆的含义，更合商人们求财得财的心愿！每逢新年，利市仙官的年画也多出现在家家户户的大门上，在供奉正财神赵公明、武财神关云长的同时，也少不了利市仙官的一份。

　　现在我们常说的"利是封"是近代才兴起的，每逢佳节或喜庆的日子，家里长辈们将一张大红纸裁成若干个小方块，里面包上些铜钱，富贵人家会放上印有"吉祥如意"等字样和图案的银锭子，封在纸包里，这就是"利是"。所以，时至今日，还有很多人用"红包"来指代利是。对于孩子来说，"利是封"即压岁钱。民间认为给孩子们分发压岁钱，当恶鬼妖魔或"年"①想要伤害孩子时，孩子们可以用钱来贿赂打发它们，逢凶化吉。清人吴曼云《压岁钱》诗云："百十钱穿彩线长，分来再枕自收藏。商量爆竹谈箫价，添得娇儿一夜忙。"春节期间大人们将压岁钱给了孩子，寄托了长辈们压住邪祟、保佑孩子一年平安的心愿，同时，压岁钱还牵系着一颗颗童心，孩子们得了压岁钱后，计议着怎么使用它，以至于欢喜兴奋，一夜都不能安睡。读来不由得让人会心

---

①民间传说"年"是一种凶猛的神兽，定期来到人间，好吃人。

民间画五路财神到

一笑。

此外，民间年节时或是财神诞辰和忌辰时上演的例戏《天官赐福》，都要带上利市仙官和招财使者二人。河北地区影戏中的招财、利市二人的唱词为："招财、利市速来降，望着此门把口开。年年吉庆常康泰，事事如意称心怀。斗柄回寅朝朝庆，千祥云集福门开。老迈年高多加寿，幼子顽童乐自来。少子之家休忧虑，今日送与小英（婴）孩。贫穷之家不乏困，上方今日赐宝财。昨日彩风衔春至，今朝天官赐福来，招财利市把福赠。"可见利市仙官与招财使者的职能。

民间财神信仰里，为表达对财富的祈求和期盼，在长期的历史演变中，逐渐形成了各种祈财的民俗活动和仪式，如进香、还愿、赛神酬神、庙会等。

进香作为祭祀的风俗，盛行于整个华人世界。在祭祀祖先、祭拜神佛时，焚香以表示虔诚敬意。进香，也称为"烧香""上香""焚香""拈香"，民间财神信仰里，以进香来表示对财神的敬意和祈求财富，是最普遍的形式。人们认为袅绕的香雾可以隔绝红尘喧嚣，净化人的灵魂，更是对天地神佛、已逝先人的敬畏和追思。这已经融入我们华夏民族的血脉，成为别具特色的民俗现象了。

与进香活动紧密相连的是庙会，庙会风俗与佛教寺院以及道教宫观的宗教活动有着密切的关系，同时又伴随着民间信仰活动更加成熟丰富起来。旧时的庙会，一是朝山进香型，一是迎神赛会型，会上多集市买卖、娱乐杂耍。发展到后来，二者逐渐融合了。

余者如许愿还愿等活动，也是紧跟着进香风俗的。赛神酬神也称迎神赛会，是旧时农村一年中的盛事，大小规模不一。求签等活动也是民间神祇信仰崇拜中普遍的风俗，财神信仰中也不例外。但在这些表达对财神敬意的形式之前，还有一个供奉财神的问题，尤其是本章里提到的以正财神赵公明为首的五路财神。关于如何供奉五路财神，陕西渭北的一位易学名师①给出了参考意见。

安神布局完毕之后，当日上九根香，之后七根，之后五根，直到入睡前。次日，早五根，晚五根。三日，早三根，晚三根。每三十晚七根，次日早七根，十四日晚五根，十五日早五根（这里都指农历）。

七路财神公布如下供各位学者研讨：

供奉文财神文昌帝君（比干），面朝门口，背朝屋内；

供奉武财神关圣帝君（关羽），面向宅内，背靠门外；

供奉中路财神赵公元帅（赵公明），面朝门口，背朝里；

供奉东路财神招宝天尊（萧升），面朝东方，背向西；

供奉南路财神招财使者（陈九公），面朝南，背朝北；

供奉西路财神纳珍天尊（曹宝），面朝西，背朝东；

供奉北路财神利市仙官（姚少司），面朝北，背朝南。

供品：香蜡、表纸、鱼、肉、水果、米、糖等。

观看财神香火吉凶以三根香为主，不宜用竹脚香或有芯香等。

①节选自华夏正财神网财神文化栏目中渭北玉清子杨有学《请财神》一文。杨有学，男，字双鱼，号渭北玉清子。陕西省泾阳县政协委员，西安财经学院客座教授，中国易经协会会员，西安周易研究会会员，渭北周易文化研究会会长。

陆

财富准神刘海

财富准神刘海

第一节
一代名相 拜师吕洞宾

在中国财神中，除了位于周至的正财神赵公明以外，还有文财神、武财神、偏财神和准财神，刘海便是其中的准财神。

刘海，原名刘操，字昭元，又字宗成，生于五代时期，居住在燕山一带（北京西南宛平）。据说刘海小时候家境贫寒，他打柴之余发奋读书，十六岁时便考中辽国的进士，此后步入仕途。

在刘海四十多岁时，他所在的燕地发生了一起篡位事件。卢龙节度使刘仁恭的儿子刘守光与后母私通，被父亲刘仁恭发现，将其赶出了领地。刘守光并未就此思过，而是暗起杀心。

公元907年，刘守光举兵叛乱，杀害兄长、囚禁父亲，并于四年后建立了大燕帝国，自称皇帝。当时刘海正值五十，留在燕国封为宰相。

身为宰相的刘海

正是为相期间，刘海得遇仙人点化，顿然领悟荣华富贵即是过眼云烟，于是毅然放弃红尘，出家修炼，终于在终南山上修成正果、得道成仙。在《历世真仙体道通鉴》中，便记载了正阳子（汉钟离）如何点化刘海的故事。

据说，刘海从小便喜欢与人谈玄论道，做宰相后依然如此。一日，他家里有位道长来访，刘海听说后照例出门迎接，并以上宾之礼相待。哪知那位道长来到厅堂，未坐下与刘海谈论经典，而是取下沉沉的背囊，从中倒出许多铜钱来。刘海看着奇怪，心想："这位道长到我宰相府倒出这些钱来做甚，想向我要资助香火钱？却又不像。"

刘海正在疑惑间，只见那位道长又将这些铜钱在桌上一枚枚累叠起来，一直摆成高高的一串。刘海正想发问，那位道长又请刘海的家人去取来一枚鸡蛋，并要把这枚鸡蛋放在铜钱上面。那串铜钱，本就摆得摇摇欲坠，若此刻再放上鸡蛋就更加不稳。刘海脱口而出："道长，危险。"

那位道士哈哈一笑，说道："大人只知目前此卵危险，殊不知大人此刻的荣华，不正如此卵一般岌岌可危？"刘海听后，怔在那里。

他何尝不知自己此刻正身处险境！大燕皇帝刘守光生性残暴，弑兄囚父，国内人心思反。国家的根基，确实如同这串高高摆起的铜钱一般，而自己此刻不正像铜钱上面那枚随时都会落下的蛋卵？

他知道自己正面临危险，也知道若被推翻便是遗臭万年。只是从前他不敢去思虑这些，不敢面对现实罢了。若有时想起，也只敢让思绪在这些问题上匆匆一掠。可今天，这位道长却将这些问题真真实实的摆放在面前，不容他再回避、迟疑。

刘海整整衣装，郑重其事地向那位道长作了个揖，问道："道长真是仙人，敢问刘某将如何化解危机？"

道长看着刘海笑而未答，刘海正迟疑间，桌上的铜钱忽然崩塌，蛋卵重重地摔碎在地上，那摆铜钱也散落在桌上、地上，发出响声。一枚枚铜钱旋转着、旋转着，而后倒下，然后回归于死一般的宁静。

道长微微一笑，对刘海说道"该舍即舍，莫多迟疑"，说罢拂袖而去。

刘海望着桌上、地上散落的这些铜钱，良久未语，而后似有所悟。他当即命家人取出他所有的积蓄，分散给他的几个孩子和家中那些年老

的忠仆，让他们此后另谋生路。而后取出宰相的官印，悬挂在中堂之上。自己则寻找刚才点化他的道长去了。

那位道长号"正阳子"，正是我们熟悉的八仙之一汉钟离。

汉钟离原名钟离权，字云房，正阳子是他的号，他还有另

正阳子汉钟离

一个号叫和谷子。传说他的原型为东汉某位大将，所以又称汉钟离。也有人说，唐末吕洞宾也是受他的点化，才得道成仙的。再加上后来的刘海，他们三人亦师徒，亦道友，时空交错几百年，却被后人们用点化的故事穿插起来成为一段段佳话。

再说刘海离开大燕国后不出二年，燕国便被李存勖攻灭。那位凶残的燕国皇帝刘守光，被捆绑着押赴城门外斩首。据说刘守光在临刑前，没有一位帝王应有的从容，而是苦苦地哀求他的对手不要杀他，以致他的两个妃子都觉得耻辱，对他喊道："皇帝，事势及此，生不如死！"说罢先行自决。随即刘守光也被对方兵士杀死，燕国从此灭亡。

当初刘海辞官时，同殿好友、满朝文武，甚至他的家人可能都不理解他的选择。直到燕王被杀、燕国灭亡以后，人们这才想到刘海当初的辞官是正确的。由于他的离去，不但保住了他的性命，也保全了他的清名，更保全了他后代子嗣的生命。

道家讲究养生之道，而真正的养生，正如庄子那样，并不是懂得该如何调养生息，而是懂得该如何远离祸事、保全生命，这才是道家真正的保全、养生之道。因此，中国历代无数读书人，年轻时用儒家的积极进取来要求自己，博取功名；而到了老年，又用道家的清静无为去提醒

自己远离功名，调节心态。

　　而就在燕王被诛时，刘海正在代州凤凰山一带潜心修行。终日间清静无为，修心养性，又以丹道之法，提炼精华。据说后来刘海又去了终南山，拜吕洞宾为师，在那儿继续炼丹修行，道号"海蟾"。因他出家后道号"海蟾"，后来的人们又在他的事迹中，添加了许多有关蟾蜍的故事。

　　他的家人听说他在终南山修道后，也曾多次寻访。但他始终深居简出、行踪飘忽，每每家人寻至，他都避而不见。也有说那时他已提炼出一种名叫"丹桂"的仙药，只要将这"丹桂"含在口中人便能隐匿于山林之间。

　　他避而不见他的家人，那时他已经得道，被世人称为神仙。由于刘海师承汉钟离、吕洞宾，被后来道家尊为"全真道北五祖"，与历史上王玄甫、钟离权（汉钟离）、吕洞宾、王重阳一脉相承，齐名天下。

　　到了明代万历年间，文学家王世贞编了一本名为《列仙全传》的书，上面自老子、木公、西王母等等，记载了明代以前得道的仙家，以及诸位神仙的由来。该书已有八仙一说，不过人物与我们今天认识的略有不同。

　　八仙之说缘起于唐宋时期，当时民间已有"八仙图"。元朝马致远的《岳阳楼》、范子安的《竹叶船》和谷子敬的《城南柳》等杂剧中，都有八仙的踪迹。但八仙的成员却是经常

纯阳子吕洞宾

139

变动的。如马致远的《吕洞宾三醉岳阳楼》和岳伯川《吕洞宾度铁拐李岳》中，都没有何仙姑，取而代之的分别是徐神翁和张四郎。而那时，刘海排在八仙之内。

那么刘海什么时候不再是八仙之一的呢？

我们今天所谓的八仙，来自明朝吴元泰撰写的《八仙出处东游记》，该书又称《东游记》。该书中正式将八仙定型为汉钟离、张果老、韩湘子、铁拐李、吕洞宾、何仙姑、蓝采和及曹国舅等八人。

由于该书在民间影响极大，其道家八仙东游一说与宣扬佛教的《西游记》有各执一端、分庭抗礼之意。然而《东游记》要晚于《西游记》，两书作者年代相距百年。

虽然在《东游记》中刘海八仙之一的地位被张果老替代，但他依然位列"下八仙"之内。在民间风俗、传统年画中，人们依然喜欢这位吉祥的仙人。如在《福字图》中，人们便把他与和合二仙、天官、财神、送子麒麟等合在一起，以示喜庆。渐渐地，刘海以准财神的形象出现在人们的故事里。他之所以被民间尊为准财神，可能与当年正阳子用铜钱放卵的方式点化他有关。而在穷苦的人那里，更喜欢用这种铜钱累叠来期盼荣华，期盼富贵。

这似乎构成了某种讽刺。同一种形式，在道家正阳子和刘海的眼里，寓意着转瞬即逝、危机四伏。而到百姓那里，却又成了财源滚滚、吉祥如意。深厚的思想总是被民众以简单的方式理解、诠释。

然而，这种理解、诠释又给人们以美好，让人们觉得生活仍有希望。这应该才是最高的思想，也是刘海的故事给人们的最大的启示吧！

第二节
三阳开泰 始创刘祖派

出家后刘海隐居在终南山，每日炼丹修道，注解经书。就在不知不觉中，他的声名已渐渐传播出去。元代李道谦在《甘水仙源录》中记载，刘海曾收过三名弟子，他们分别是张紫阳、董凝阳和王重阳，并由

刘海蟾与其三个弟子

此开创刘祖派，而这三名弟子在后来道家中亦被称为"三阳开泰"。

大弟子张紫阳，名伯端，字平叔，出生于宋太宗雍熙元年（984年），台州府①璎珞街人。自幼家中富有，聪颖好学。经、史、百家无不涉读。年轻时，在读书之余，他还常去道家圣地盖竹山、委羽山和天台山一带游玩。当时名山之中，求仙问道者络绎不绝，这种道家生活一直吸引着张伯端。

向往，终究只是向往。他还是像所有读书人那样，想通过赶考走入

---

① 台州府：今浙江临海县城。

仕途。然而他并未考取功名，只能在台州做一名小小的府吏，而且一做就是四十年。在张伯端六十五岁时，曾因小事不察，错使好人冤死。这件事情使他对认知重新思考，从而作出改变后半生命运的选择。

据《临海县志》记载，张伯端酷爱吃鱼，近乎一餐无鱼便食不甘味。一日家中婢女送饭至衙门，恰好张伯端外出，同僚有意与张伯端开玩笑，便将他所爱吃的鱼藏在屋梁上面。张伯端回来，欲食无鱼，顿时心中不快。回家后，问家人午饭为什么没有做鱼？家人说做了，还特意让婢女给他送去。

于是他怀疑婢女偷吃了鱼，便叫来婢女逼问。婢女受冤百口莫辩，一气之下上吊自尽。半个月后，被同僚藏起的鱼在梁上腐坏，蛆虫掉下落在张伯端的头上。伯端觉得奇怪，调查后方知是同僚藏起了鱼。他悔恨莫极。

由此，张伯端开始反思生平，觉得自己虽然满腹经纶，到头却始终见识短浅，以至于做出如此糊涂残忍的事。痛定思痛，张伯端决心退出官场，还自己自由之身。为此他赋诗写道：

刀笔随身四十年，是非非是万千千。

一家温饱千家怨，半世功名百世愆。

紫绶金章今已矣，芒鞋竹杖任悠然。

有人问我蓬莱路，云在青山月在天！

写完诗后，便将自己所有的家产及掌管案卷一把火全部烧毁，从而斩断了自己所有尘缘。

张伯端因焚烧文书，触犯了大宋"火焚文书律"，被府衙抓住，流放岭南充军服刑。北宋时的岭南分为广南东、西两路①，当时属于蛮荒之地。张伯端此时已年过花甲，由于年高服刑时间不宜过长，很快即被释放。张伯端获释后没有回乡，而是留在岭南一带云游访道。后来他又游

①相当于今日的广东和广西。

历到青城山，在归途中巧遇仙人刘海，拜其为师，道号紫阳。那一年他八十有六。

此后，张紫阳撰写了道教史上的重要著作《悟真篇》。《悟真篇》后，又融入佛家书籍《传灯录》的内容，创作了三十二首诗歌、词曲和杂言，后人称之为《禅宗诗偈》。

刘海另一个传人叫董凝阳，为女真人。原名术虎守志，"董"是他在终南山拜刘海为师后改的汉姓。刘海还赐他道号：凝阳。

根据《道藏》记载，董凝阳自幼性格淳朴，秉承孝道。长大后超凡脱俗，飘逸潇洒。35岁时，一次外出游玩，在山中得遇仙人汉钟离指点，说他命有仙缘，需前往终南山拜刘海为师，方能得道。

对于仙缘，董凝阳起初也并未多想。只是回乡后，家中突然连遭变故，短短两年父、母、妻、子相继去世，使他心灰意冷。一日，他忽然记起山中神仙曾对他说过的话。难道红尘真的只是一场幻梦？这突来的变故，莫非就是走向仙缘的道路？想到这里，他觉得一切均是命定，不再作任何留恋。于是焚家出游，朝着终南山方向寻去。当董凝阳见到刘海拜在他门下时，已经年过四十，距汉钟离山中指点过去了整整五年。

董凝阳画像

人生便是如此。原以为自己可以把握，一切均有迹可循。然而命运却往往突生许多迷途，让你的人生改弦易辙，从头开始。那以后十年间，董凝阳得到刘海指点，先后学得符水药术和三共之道[①]的外丹之法，向他求药治病的人络绎不绝，信奉者也越聚越多。

----

①即金丹的炼造方法。

财神刘海小金像

他学习《洛书》、《河图》这些典籍，从中获得了自己的理解和建树。他认为"天图有九星，落地为九宫"。九星之说便源于《洛书》，而九宫则根植《河图》。他由此创建了自己的学说《铁马星遁》。

董凝阳的传人较多，后来逐渐分为三支。其中徒弟卢自然、马善能各领一脉，而最后一支称作逍遥派。因该派弟子不但承袭道家绝学，还渗入佛家理论，融会贯通，自称逍遥。千百年间，逍遥派传人们历遵祖训，隐匿山林，过着与世无争的生活。

而刘海的第三位传人，相传便是全真教创办者王重阳。

由于全真教丘处机与成吉思汗之间特殊的友谊，在元朝建立以后，自王重阳开始，从下而上追溯到刘海、吕洞宾、汉钟离、王玄甫等五人，均受到忽必烈的诏封，史称"全真北五祖"。

全真北五祖分别是：少阳派宗祖王玄甫，正阳派宗祖钟离权，纯阳派宗祖吕洞宾，刘祖派宗祖刘海蟾，重阳派宗祖王重阳。因王重阳是全真教创办者，后人又一度把他认作刘海的师傅。然而从他们的出生年代便能看出孰先孰后。

王重阳出生于1113年，与刘海出家修行已相距两百多年。他们之间如何能做师徒？然而，在道家眼里，几百年不过是弹指一挥间。正如生于五代的刘海同样能够得到东汉钟离权点化。这师徒关系，也许正是为了证明得道的人可以延年益寿，可以长生不老。然而我们从其思想上，确实可以看出师徒间的传承，可以看出相互间的一致。

刘海一生除了在终南山修行，还云游天下名川大山，在许多地方都留下过他的身影。所以，各地都有关于他的不同传说，他在民众中的形象，也随着这些传说变化着。忽而得道仙长，忽而又少年形象。

也许正因为他道号海蟾，所以在诸多形象中，最具代表的便是手拿铜钱、衣挂蟾蜍的模样。清初《坚瓠五集》中，"今画蓬头跣足嘻笑之人"，即刘海也；他经常"持三足蟾弄之"。三足蟾蜍在民间有吐钱和吉祥的含义，所以刘海渐渐演化成财神。

关于刘海戏蟾，不同的书中有着不同的传说。最早的记载，要数北宋词人柳永《巫山一段云》中"清旦朝金母，斜阳醉玉龟。天风摇曳六铢衣。鹤背觉孤危。贪看海蟾狂戏。不道九关齐闭。相将何处寄良宵。还去访三茅。" 尽管这首词

陕西户县刘海庙

中，仙人的生活每日都很热闹、忙碌，却总给人以清寂、萧瑟之感，远没有清代孟籁甫在《丰暇笔谈》中描写的喜气、热闹。

若我们翻开《丰暇笔谈》，便能看到另一个民间的刘海。书中写到刘海"汲井得三足大蟾蜍，以彩绳数尺系之，负诸肩上，喜跃告人曰：'此物逃去，期年不能得，今得之矣。'于是乡里传述……争往看之，至拥挤不得行"。书中的刘海，已全然没有仙家遗世独立之感，他与乡民们之间的热络，有如今天随处可见的年画所摹画的那样。这是因为刘海在清代已被民间公认为财神的缘故。

145

童子形象的刘海戏金蟾

陆
财富准神刘海

刘海晚年对万事已然做到随心所欲而不逾矩，所以他的举止仿佛游戏，却又不失仙人风范。据说有一次他带着徒弟，云游到今天青岛莱西市的一座道观。夜晚他去井边汲水，见井底水面上有荷叶漂浮，荷叶中央不时放出金光，像是荷花左右飘移。

刘海觉得奇怪，往后退了两步，借依稀的月光看清那是一只蟾蜍，因从上而下观看，蟾蜍半蹲的后腿就像只有一条。老年的刘海觉得有趣，就朝金蟾摇了摇手，金蟾懂事地向他跳了一下；刘海再摇手，金蟾又跳一下。

刘海像新交了一个朋友，每天都会到井边看看那只金蟾。学生们见老师经常站在井边，不时笑着挥动手臂，觉得奇怪便偷偷跟在后面，这才发现老师与蟾蜍之间的秘密。

一日刘海又去了井边，随后许久都不见回来。学生觉得奇怪，又有些担心，便寻到井边。然而没有看见老师的身影，只在井边发现刘海留下的一只道靴。他们想着坏了，老师必定掉到了井里。连忙找来绳子摸到井底，却没有发现刘海的遗体。那只金色的蟾蜍也已不在下面。

学生们纷纷猜测，若真的掉到井底，为何下面不见老师遗体？若说蟾蜍跳出了井外，深深的井壁又如何跳得上来？于是，他们想到了黄帝驾龙升仙的故事。大家纷纷认为，这只蟾蜍便是来点化老师成仙的精灵。如今老师刘海已然升仙，骑蟾而去。

146

此后，刘海作为仙人受到后人的尊崇。他得道成仙的那座道观，便是青岛莱西市的望城观，同那口井一起，至今犹在。

第三节
巧遇梅姑 道人化金蟾

历史上刘海其人，前半生可谓是少年得志，位居人臣之巅，春风得意至极。难能可贵的是他能于富贵荣华中保持着冷静的思考和清醒的头脑，早早地抽身离去，访名山大川，求仙问道。可以说他是一个富贵后开悟了的道士，这么个身份，原本也该与财神沾不上边。但自"刘海戏金蟾，步步钓金钱"的故事经过民间无名艺术家再创作和文人雅士记载充实，刘海在民间的知名度丝毫不亚于五路财神、和合二仙等，人们喜欢将他看做是准财神。能产生这样的联想，大约还是与那只神奇之极的三足蟾蜍有关吧？

蟾蜍，相貌丑陋，表层皮肤分泌物有剧毒，曾被列为五毒之一。但蟾蜍分泌的剧毒物质中所含的蟾酥有强心、镇痛、止血等作用。《太平御览》引《玄中记》云："蟾蜍头生角，得而食之，寿千岁，又能食山精。"说的是如果能捕捉到头上生有角的蟾蜍，吃了它就可以活到千岁有余。蟾蜍所具有的价值在前，文人或访道之人的丰富想象在后，演变到后来，蟾蜍被人们当成了能避五病、镇凶邪、助长生、主富贵的吉祥物，是有灵气的神物。刘海因特殊机缘遇见了一只巨大的异形蟾蜍，且刘海道号为"海蟾"，故而"刘海"+"金蟾"=准财神刘海。后世里，刘海以准财神的形象出现时，身边必然要有一只巨大的三足金蟾，嘴巴里叼着一大串铜钱，一边走一边撒钱——他走到哪里就把钱撒到哪里，帮助那里的穷人食得果腹，衣得蔽寒。穷人们感激他，将他奉为"活神仙"，并修建了庙宇来供奉。民间戏剧等也将他的事迹改编成剧本传唱演绎，故而关于刘海的传说和故事越来越丰富，除了保留他的出身和拜汉钟离、吕洞宾等为师的公认部分以外，其余的都有各具特色的发挥和创造。其中明代一个叫王九思的人于明嘉靖十二年（1533）编了一本《户县志》，里面记载的一个传说讲述了刘海与汉代的一个叫梅姑的道姑之间的奇缘，及其收服作恶的蟾蜍精，令他服从供自己差遣的故事。这算是各家在谈及刘海悟道、戏金蟾后，与常规因袭、老生常谈截然不同的创意。因其本身所具有的人情味，这个故事读来分外的温馨，故而此处转录来，以飨读者。

据古籍记载及考证，刘海故里在今陕西省西安秦岭中段终南山下户县石井镇阿姑泉欢乐谷。当地有这样一首民谣："刘海生来有仙根，生在户县曲抱村，玉帝将我亲封过，封我四方活财神，福泉之水撒人间，行走步步撒金钱，一变十来百变千，有福有财都是仙。"

故老相传，刘海自幼家贫，早年丧父，家中只有一位双目失明的老母亲。刘海自小十分孝顺，忠厚勤快，以打柴养活自己及母亲。

一日，太阳西沉，刘海回来的路上经过村西面的一座小石桥时，突然发现桥下的阿福泉里有一道闪闪金光。刘海心中诧异，驻足细看，惊讶地发现石桥下的泉水里蹲着一只背部金黄、肚皮雪白的大蟾蜍，那金光就是蟾蜍的背上发出来的。尤其怪异的是，那蟾蜍似乎并不怕他，刘海跳下石桥，想看得更仔细一些，那蟾蜍竟也跳了起来。年少的刘海顿起玩心，如此单足蹦、双足跳地反复了几回，那三足蟾蜍竟也照做不误，而且因为只有三只脚，做起来煞是憨态可掬，逗得刘海哈哈大笑。不一会儿，刘海已经对这只蟾蜍心生亲近。后来，每天傍晚，他都要来这里和金蟾戏耍一番，这样的日子直到他成了一个棒小伙子的时候，才因突发的变故而终止。

那一天，是刘海顶带桃花、咸池犯劫的日子。也是归家途中，一名年轻貌美的女子拦住了他的去路，说她的名字叫梅姑①，已经观察刘海好久了，觉得他忠厚老实，诚恳勤劳，想来会是一个好丈夫，因此，这才不顾羞耻，大胆请求他留下她，娶她为妻。听完这番话，年轻的刘海挑着柴禾火烧屁股似的逃回家，脸红得赛过关公。眼瞎耳却分外精明的老母亲听出了异样，一个劲儿地追问。

刘海无奈，只得支支吾吾地将刚才路上的"艳遇"说了出来。刘母正发愁自己家徒四壁，吃了上顿愁下顿，儿子的婚事眼看是没着落，这时有姑娘愿意嫁进来，可不正是要打瞌睡的人找到枕头么？当即答应下来，一个劲儿地催促刘海，明天见到那女子，一定要好好问问她家在哪里，好托人去说媒。

母亲大人既然已经发话了，平日里孝顺惯了的刘海也无法可想，只得照办了。

就这么着，刘海还没从天上掉下个仙女的梦中醒悟过来，就在同村好心的叔伯们帮助下，娶了梅姑。尤其难得的是，梅姑生得娇美，性子却很是温顺，对婆婆的孝敬不输于刘海。刘海这才放下心来，渐渐地对妻子是越来越喜欢，二人相亲相爱，一直到为老母送终，开始二人的独立生活。

梅姑

过了两年，有一天，刘海打柴时忘记了时间，走到村西口

---

① 梅姑：传说中的汉代道姑，有奇术。《太平府志·仙释》："汉梅姑，丹阳湖人。生有道术，能行走水上，其婿恶之，杀而投之湖中，时有方棺自上流来盛其尸而去。后土人渔猎即有风涛之患，於水雾中见梅姑焉。巫曰：'姑恶杀，不忍见渔猎也。'今青山下有梅山、梅塘、梅姑庙，今称娘娘庙者也。"

时，天已经黑了。他忽然想起当初的玩伴金蟾来，赶紧下到石桥底下，想在阿福泉里找它，好让这位特殊的好朋友分享自己的幸福和喜悦。可是找了好久都不见那金蟾的踪影。刘海有些失落，直起身来，发现有一个黄衣跛足道人站在岸边看着自己。刘海点了点头，终是觉得那道人看自己的眼神过于怪异，不愿意多和他接触，上了岸来，挑着柴禾就走。那道人单足蹦跳着走上前来，直直地嚷嚷道："刘海啊，你的美娇娘不是人！"

刘海怒不可遏，回头斥道："哪里来的牛鼻子老道？怎能随意诋毁人？你且住口，莫再胡说，若给他人听见，坏了我娘子名声，我定不饶你！"

黄衣跛足道人嘻嘻一笑，对刘海的斥骂不以为意："她是个狐狸精呢，你若不信，今晚回家装腹疼，她必然取出一颗珠子让你吞服，你一吞下便知她的原身是什么。"

刘海不理，遇到这样的事情着实郁闷。回家来，面上少了往日的喜色，草草地吃了饭，便洗漱睡了。妻子很体贴，见他不愿意说话，以为是累的，便早早地服侍他歇了，自己却去外间继续操持家计，纺麻织布。

傍晚时分那跛足道人的话如一根刺揳在刘海心头，他翻来覆去，终是怀疑心占据了上风，装起了腹疼。果然引来梅姑焦急抚慰，并熬草药来让他喝，可刘海仍然叫疼不止。梅姑想了想，把心一横，背过身子，取出一颗晶莹洁白的珠子给了刘海，告诉他含在口中一会儿，无论什么病痛都会好。刘海见跛足道人的话一一应验，心中更是不做他想，拿过那白珠子就要往肚里吞。一旁本来就心存疑虑的梅姑看在眼里，赶忙将宝珠抢了回来，质问他今日遇见了什么人，听了别人的什么话。毕竟是几年的恩爱夫妻，刘海的意图被识破了，有些心虚，再说，对妻子的感情那是真的，当即将傍晚欲寻那只金蟾蜍而不得、转而碰上那跛足道人、听他说了一番胡话的经历一五一十地告诉了梅姑。

梅姑神色显得很严肃，想了想，对刘海道："那跛足道人，就是你从前遇见的那只三足金蟾。我和他一起修炼了三百年，各自小有所成，结成内丹。刚才你所见的白珠子就是我多年修行的结晶元丹。三足金蟾觊觎我的元丹多年，妄想夺取我仙丹，好靠旁门左道的法门提升修为，早日成仙，却始终未能得逞。如今瞧着我和你幸福美满，想借你之手夺我元丹，然后害你性命，好圆他越级成仙的美梦。"

刘海知悉了事情的来龙去脉，羞愤难当，提起斧头就要冲出去找那歹毒的蟾蜍精算账。梅姑连忙拦住，告诉他去村头弥陀寺里学来驱魔法咒，再配以自己的元丹，对付那蟾蜍精就绰绰有余了。

刘海依计而行，果然口诵"赐福驱魔大法"，拿出宝珠，将那蟾蜍精整治得浑身哆嗦，吐出了元丹。刘海连忙将它的元丹服下。金蟾精失去元丹，没了法力，只得依附于刘海，供他驱使。

刘海从此步入修道之门，那只金蟾一直跟随着他，在他四处游历时充当提款机外加造币机的角色。

柒

十方财神

十方财神牌

　　财神是道教俗神，源自道教，盛行于民间。在漫长的历史中，因着各地区各行业的人们的不同需要，创造出了形形色色的财神，以至于到后来，财神团队越来越庞大，竟有几十位之多。囿于篇幅，我们不能一一介绍了，在这一章里，我们将系统介绍一下五湖四海的偏财神，准、副财神，让读者有一个总体的认识。

第一节
道教财富五路神

五路神实为五圣神，或曰五通神，在康熙年间汤斌毁禁上方山五通祠以后，民间不敢祀五通神，故改其名为"路头"而祀之。

"五路神"又指路头、行神。清人姚富均说："五路神俗称财神，其实即五祀门行中雷之神，出门五路皆得财也。"其中的"五路"是指东西南北中五方，意为出门有五路神保佑可以得好运、发大财。

五祀即祭户神、灶神、土地神、门神、行神，所谓"路头"，即五祀中雷之神。凡接财神须供羊头与鲤鱼，供羊头有"吉祥"之意，供鲤鱼是图"鱼"与"余"谐音，讨个吉利。人们深信只要能够得到财神显灵，便可发财致富。

古人认为财货无不凭路而行，故人们以行神为财神，谨加祭祀，冀求它引财入门，或出行获利。古人外出行旅，祭祀路神以求平安，此为"祖道"之俗；吴俗接路头，祭祀的也是路神，而这路神变成财神，是因商业的发展、财货流通的加剧。财货往来于水陆之间，人们直观地认为，路在冥冥之中主宰了财货。

五路财神都是吉祥神，也是民间吉庆年画中常见的形象，深受人们的爱戴和崇拜。每年正月初五是五路财神的生日。清代蔡云《吴歈》中有生动描述：五日财源五日求，一年心愿一时酬。提防别处迎神早，隔夜匆匆抢路头。所谓"抢路头"即抢接五路财神，人们个个争早放头通鞭炮，以此祈盼发家致富。

五路财神

这天天刚放亮，城乡各处

都可听到一阵阵鞭炮声。为了抢先接到财神，商家多是初四晚举行迎神仪式，准备好果品、糕点及猪头等祭祀用品，请财神喝酒。届时，主人手持香烛，分别到东南西北中五方财神堂接财神，五位财神接齐后，挂起财神纸马，点燃香烛，众人顶礼膜拜，拜罢，将财神纸马焚化。到了初五凌晨，人们抢先打开大门，敲锣打鼓，燃放鞭炮，向财神表示欢迎。接过财神，大家聚在一起吃路头酒，直吃到天亮开门营业，据说可保一年"生意兴隆，财源茂盛"。 北方于此日祭"五穷"也是一样。在正月而非其他月，乃取新年新气象，图一年吉利，财源茂盛，东西南北中，财富五路并进。

在《封神演义》中，五路财神指的是赵公元帅、招宝天尊萧升、纳珍天尊曹宝、招财使者陈九公和利市仙官姚少司。

赵公明

赵公元帅姓赵名朗、玄朗，字公明，终南山人。原是日精之一。古时天有十日，九日被大羿射下以后，变化为九鸟，坠落于青城山，变成九鬼王。八鬼行病害人，但是赵玄朗却独化为人，避隐蜀中，精修至道。张陵在青城山炼丹时，收赵玄朗护卫丹室。天师丹成，分丹饵之，遂能变化无方。赵玄朗食丹以后，其形酷似天师。天师遂命其永镇玄坛，故号玄坛元帅。《三教搜神大全》称其"能驱雷役电，唤雨呼风，除瘟剪疟，保病禳灾"，"至如讼冤伸抑，公能使之解释，公平买卖求财，公能使之获利和合。但有公平之事，可以对神祷，无不如意"。明代小说《封神演义》有姜子牙封神一节，封赵公明为金龙如意正一龙虎玄坛真君，率领招宝天尊、纳珍天尊、招财使者和利市仙官等，统管人世间一切金银财宝。

《封神演义》中赵公明死于陆压献计的钉头七箭书。该术为立一营，营内一台，结一草人，人身上书敌人姓名，头上一盏灯，足下一盏灯，脚步罡斗，书符结印焚化，一日三次拜礼，至二十一日之午时，敌人的三魂七魄就会被拜散，此时射箭到草人上，如射敌人本体，草人敌人都会喷出血来。一旦被施了"钉头七箭书"，经一天三拜，三拜之后，即中术，将昏迷不醒，魂魄松动。接连七天将被拜掉三魂七魄。再以弓箭射之，七箭之后，便会中术而魂飞魄散。这类似于若干年后汉代的巫蛊术。没想到赵公明这样的修道之人在神话小说里面竟死于巫术之手，让人嗟叹。

戏剧演绎的财神赵公明

戏剧以综合艺术的特有形式，将财神赵公明的形象深深印在中华民族的心灵中。依据明代《封神演义》和清代《黄河阵》等小说传奇创作的财神赵公明戏剧，深得观众的喜爱。尤其是古代演戏照明，油灯使用食油作燃料，灯捻因易结灯花而灯光暗淡，财神赵公明手持钢鞭上台，腾跃之中，钢鞭扫去油灯捻上灯花，火星随鞭飞溅，而油灯大放光亮却丝毫不动，功夫了得，称为秦腔武功一绝。连台大戏《封神榜》中的服装头饰、法器宝物，与神话交织在舞蹈化的打斗中，变幻莫测，成为古典保留剧目，常演不衰。根据1984年陕西人民出版社出版的《秦腔剧目初考》，明清两朝演出财神赵公明的戏剧主要有三部。

一是《剪梅鹿》本戏，别名《七鹿剑》。演周纣交兵，燃灯大战赵公明于岐山脚下。燃灯不敌赵公明败逃，遇曹宝、萧升对弈，藏之于洞中。赵公明追赶到近前，与曹、萧激战。萧升欲收赵公明法宝，被赵公明打死。燃灯逃走。

这个剧原为陕西东路（同州梆子）秦腔本子，西路（西府秦腔）、中路（西安乱弹）、南路（汉调桄桄）亦

秦腔戏剧

演。甘肃秦腔也有相同内容的剧目。这本戏的特点是唱做武打并重，甘肃省郗德育演出为代表作。主要演出于陕西、宁夏、新疆等地。陕西省艺术研究所藏有抄录本。

二是《七箭书》本戏。别名《武财神图》、《黑虎下山》、《祭公明》。演燃灯道人协助周武王伐纣。殷太师闻仲不胜，请赵公明助之，屡败周兵。昆仑散仙陆压助周，以七箭书法，每夜步罡踏斗，箭射草人，赵公明被陆压用法术七箭射亡。赵公明阴魂不散，奔至封神台大闹一阵，被鬼卒引去，周武王获胜。

这个剧本原为陕西西路秦腔本。陕西东路、南路及甘肃秦腔有相同的剧目。是以武打为特色的戏剧，主要流行于陕西、甘肃、宁夏。陕西省艺术研究所藏有刘兴汉口述抄录本。

三是《黄河阵》本戏。别名《九曲黄河阵》、《混元金斗》、《收三霄》。演出赵公明被七箭书射死，申公豹挑唆赵公明的妹妹云霄、碧霄、琼霄为其兄报仇。云霄、碧霄、琼霄各带法宝下山，摆下"九曲黄河

159

阵",用混元金斗困住十二大仙。道教主、通天教主、截教主、阐教主共同协助周武王作战,合力破开九曲黄河阵,收伏了云霄、碧霄、琼霄。

这个剧本原为陕西南路秦腔本。陕西中路、东路、西路及甘肃省秦腔有相同剧目。河南梆子,山西蒲州、晋中梆子,山东曹州梆子,云南梆子也有这个剧目。是以武旦、武生、净角唱打并重戏。陕西水铃儿、四金儿、新润子、聂金山、李甲宝、何振中,甘肃郗德育,宁夏肖正德演出代表作。主要流行于陕、甘、宁、青、新、豫、云、晋、鲁等省区。今存的版本有:民国西安南院门义兴堂书局刊行本;民国西安德华书局刊行本;《陕西传统剧目汇编·汉调桄桄》第八集书录本。20世纪六七十年代被认为是宣扬封建鬼怪迷信思想而明令禁演。

以上三部有关赵公明的本戏的本事均见于《封神演义》四十七回至五十回、清代无名氏所作传奇《黄河阵》。

另外常演的还有打台戏,也称安神戏。开台锣鼓之后,由赵公明上台走台四周,以安各方神灵。财神赵公明是花脸戏,赵公明登台的白口是:吾黑虎赵天官奔上吉庆台前,大拜赐福。吾当前去开道。主要唱《封神榜》两段唱词:

(一)

家住周至枣林村("村"亦为"川"字,也可为"滩"字),

手执铁索把虎拴。

玉帝爷家亲封过,

封吾一纸赵玄坛。

(二)

生吾时天昏地暗,

降吾时星斗未全。

生世来神鬼皆怕,

修炼在终南（亦为"峨嵋"）宝山。

太师闻仲将吾搬，

跨黑虎离了仙山。

到西岐与子牙交战，

七箭书吾命归天。

财神赵公明的折戏最著名的是《黄河阵》本戏中的《黑虎坐坛》，亦称《赵公明托梦》。唱词主要是：

半空中劈雷响明光闪闪，云头上打坐着黑虎玄坛。缠海鞭拨云头往下观看，我一见三霄妹十指相连。东南角起黑云半明半暗，太上爷跨青牛夜过函关。太师闻下西岐鏖兵布战，兵不胜罗浮洞来把兄搬。兄下山随带着宝贝三件，金蛟剪、定海珠、缠海钢鞭。头一阵杀周兵失魂丧胆，第二阵兄战败十二大仙，第三阵杀子牙闻风逃窜。周营里门人多法大无边，杨二郎他凭了七十二变；李哪吒足蹬上乾坤二圈；雷震子展双翅空中鏖战；龙须虎揭石块搬倒泰山；金蛟剪把燃灯梅鹿剪断；有萧升和曹宝落宝金钱，海外来陆压仙身背七箭，缚草人将为兄祭死岐山。三霄妹念同胞将尸遮掩，你速快下西岐与兄报冤。正讲话引魂幡空中招展，放大声哭奔在封神台前。

这三段唱词概括了赵公明的出生、修道、出山、大战、战死、托梦的神话故事，流传十分广泛。

现代人眼中的赵公明

如今道教主要把赵公明作为财神来供奉，但他同时也是道教的护法四帅之一，盖因其曾为张天师守护丹室，后来民间还将其神像贴于门上，作为门神，镇邪祈福。演化到现在，神像中的赵公明坐骑黑虎下仍堆着金元宝，背景却是影印的美元、马克、日元，看来如今中国人想赚"老外"的钱很正常。

另外需要注意的是财神像迎请回家之后，要找合适的地方供奉。

一般来说，家中的厨房、餐厅、卫生间是不能供奉神像的。如果条件允许的话，也不要供在卧室中。如果为居室条件所限，不得不供奉在卧室的话，休息的时候，要以净布遮盖，这是不得已而为之的办法，最好不用。如果家中已经有供奉佛像，可将财神供奉在佛或者菩萨的旁边，不应供在主位上。

萧升

籍贯：武夷山
神位：招宝天尊
武器：落宝金钱

萧升，《封神演义》中的人物，和曹宝同为武夷山散人，本是与世无争，逍遥自在，整日不是对坐下棋，就是交流道法。不想二人偶遇赵公明追赶燃灯道人，萧升便以落宝金钱收了赵公明的缚龙索和定海珠，却被金鞭打死。

二仙岭一段是《封神演义》中比较搞笑的章节，给人的感觉是曹宝、萧升多管闲事招惹杀身之祸。尤其是萧升将赵公明最厉害的两件法宝都收了，却死在兵刃之下：

（曹宝、萧升）二道人急以宝剑相迎。鞭来剑去，宛转仙身。未及数合，公明把缚龙索祭起来拿两个道人。萧升一见此索，笑曰："来得好！"急忙向豹皮囊取出一个金钱，有翅，名曰"落宝金钱"，也祭起空中。只见缚龙索跟着金钱落在地上。曹宝忙将索收了。赵公明见收了此宝，大呼一声："好妖孽！敢收吾宝！"又取定海珠祭起于空中；只见瑞彩千团，打将下来，萧升又发金钱，定海珠随钱而下。曹宝忙忙抢了定海珠。公明见失了定海珠，气得三尸神暴跳，忽祭起神鞭。萧升又发金钱，不知鞭是兵器不是宝，如何落得！正中萧升顶门，打得脑浆迸出，做一场散谈闲人，只落得封神台上去了。

萧升死后，封神榜上封五路财神中的东路财神招宝天尊，分管交通、城建、房地产、建材、邮政、运输、水利、造船。

曹宝

周商交战，周军被赵公明杀得大败，赵公明手持法宝把燃灯道人追得无处投奔，无意中逃到了二仙岭。

曹宝、萧升阻拦赵公明，萧升以落宝金钱收服了赵公明的法宝，却被打将鞭所杀。曹宝因此赌气跟着下山伐商，最终死于"十绝阵"的"落魂阵"中。

曹宝死后，封神榜上封五路财神中的西路财神纳珍天尊，分管珠宝、工艺品、冶金冶炼、矿业、化工、金属制品、能源。

关于萧升和曹宝的"武器"及各自结局，有段很有意思的现代版分析：

萧升手中的那一枚金钱乃是落宝金钱，除去凡间的兵器之外，可落一切法宝！不管是后天法宝、先天灵宝还是先天至宝，只要被落宝金钱打中，就会立刻落下来，再也不能发挥任何威力了。

而萧升的这枚金钱还有着大功德，因为这枚金钱乃是天地所化，是后世之人制造铜钱的模本，后世所有的铜钱都是以这一枚落宝金钱为根本的，而货币的流通自然是符合天道的发展的，所以这枚落宝金钱却是拥有着大功德的先天灵宝！

至于曹宝手中的那个掌心大小的铜盆却叫做聚宝盆，可收天下万宝，只要是被落宝金钱打中后落下的法宝都能够被聚宝盆收进去！而且也是无视法宝的等级，不管是什么品级的法宝，只要是被聚宝盆收进去，那就不要再想出去了！

萧升和曹宝两个人，一个落宝，一个收宝，可谓是配合得天衣无缝，也正因为这样，当初赵公明的二十四颗定海珠便被他们两个人给收走。只不过，他们两个的灵宝虽然厉害无比，但是两人的资质却不怎么样，所以修为很差。而因为萧升的落宝金钱只能够落法宝，对于兵器是无效的，所以萧升用落宝金钱落了二十四颗定海珠之后，便被赵公明用打将鞭给砸死了，真灵上了封神榜，而用聚宝盆收了赵公明定海珠的曹宝却被燃灯道人给救走了。

只不过曹宝的下场也很悲惨，在定海珠被燃灯道人得到之后，便被燃灯道人在十绝阵中当了炮灰，冤死后上了封神榜，封神之战结束之后却是被封为财部正神赵公明之下的招宝天尊和纳珍天尊。

《五路财神》之姚少司 《五路财神》之陈九公 《五路财神》之萧升

陈九公

陈九公是峨嵋山罗浮洞赵公明的弟子，与姚少司是同门师兄弟，同属截教门人。因为闻仲讨伐西岐，"十绝阵"不保，因此到峨嵋山请赵公明，陈九公也随师下山。

陈九公手使双剑，在阵前出力不少。后来陆压道人出山，与姜子牙合力以钉头七箭书暗算赵公明。陈九公与姚少司为救师傅前往周营抢书，却被杨戬、哪吒赶上，二人俱被杀死。陈九公死后封神榜上封为五路财神中的南路财神招财使者，分管文化、科教、餐饮、娱乐、广告、旅游、医药、农业、养殖、捕捞。

在民间所供财神中，不管是赵公元帅，还是赐福天官，身边总要配以利市仙官（五路神之一），因此，利市仙官可说是地地道道的偏财神。有关利市仙官的来历，在《封神演义》中有记载：利市仙官本名姚少司，是大财神赵公明的徒弟，后被姜子牙封为迎祥纳福之神。"利市"，在俗语中是走运、吉利之意，又指买卖所得利润。利市仙官最受商人欢迎，每到新年，必将利市仙官贴在门上，以图吉利、发财。人们信奉他，是希望得利市财神保佑，生活幸福美满，万事如意。到了近代，一到新年，有的人还把利市仙官图贴到门上，并配以招财童子，对联写道："招财童子至；利市仙官来。"隐喻财源广进、吉祥如意。

姚少司作为北路财神利市仙官，分管市场、贸易、百货、金融、商务、财政、证券、保险，故深受现代社会经商之人的欢迎。

第二节
佛教财富五色神

在佛教中，财是"资粮"的意思。修行佛法，要成就菩提，一定要具足累积资粮和清净业障两大条件。在累积资粮方面，又分为两种：

一是智慧资粮，也就是智慧上的财产，这是出世法上常提到般若空性。

二是福德资粮，即是福德财产，而大家平时所求的金钱、房屋等即是福德资粮的一种。

对于学佛者来说，财神法也是一种修行。在这物欲横流的时代，如果要广行菩萨事业，相当的物质基础还是必要的。

如果以虔诚的心来累积智慧与福德资粮，并清净无始以来的贪欲等业障，同时发出希望所有众生远离贫穷之苦、究竟成佛的菩提心，来为

众生的利益祈请，以这样的发心来修财神法，心中就没有疑虑，能够欢欢喜喜得以如法修行，那财神法也是一种善巧的修行法门了。

　　财神在藏语中称"赞布禄"，或叫"布禄金刚"，有红、黄、黑、白和三首六臂等多种形象，均属世间护法神。

　　所谓世间护法神，究其渊源，却大多不是佛教本来的神。他们一部分来自古印度的婆罗门教，一部分是在佛教传播的地区"土生土长"的，如汉族古代传说故事、历史人物中有李靖（托塔天王）、哼哈二将和关羽等。藏传佛教中则融入了许多本波教的神灵。这些神灵，按佛教说法属世俗之神，因为他们本身还没有超出欲、色、无色"三界"，还是"众生"范畴之内的。但在大乘佛教中，常将他们比作方便化度众生的佛、菩萨化身，所以也具有息灾、增益、敬爱、降福四种济世功德，也因此受到信徒们的顶礼膜拜。

　　五姓财神(The five Jambhalas)即五色神，梵名为"瞻巴拉"，又称"Kubera"，即"丑身"，旧译作"布禄金刚"。五姓财神是藏传佛教各大教派所供养的财神，他们的身色分别是绿、白、红、黄、黑。这五姓财神有共同的陀罗尼咒语，是求得财神身语功德加持为主的真言。

　　中央为黄财神，藏名藏拉色波，是密教的护法神，诸财神之首。黄财神是集所有财神的化现总合。因其身肤黄色，故称为黄财神。形象为上身袒露，下身着裙，左手抱一只吐宝鼠，鼠嘴里含着珠宝，象征财宝。左脚踏一只白色海螺，象征他能入海取宝。藏民对他十分崇拜，犹如汉地的赵公明。

　　黄财神是五财神中流传最广、传世造像最多的财神，在公元七八世纪时就可看到其形象。相传释迦牟尼佛在世时，一次在中印度摩揭陀国的灵鹫山讲解大般若经时，各方妖魔鬼怪前来搅扰，不仅让整座山崩塌，还以碎石攻击释迦牟尼佛。此时，黄财神现身庇护释尊，后在释迦牟尼佛的感召下，黄财神发愿于未来世助益一切贫苦众生，从此成为佛教世界的大护法。这也正是黄财神传世造像颇丰的原因。

黄财神是南方宝生如来的化现。其功德：能增长福德、寿命、智慧、物质及精神上之受用。主司财富，能使一切众生脱于贫困，财源广进。本尊形象为肚大身小，双手有力，肤色金黄，右手持摩尼宝珠，左手轻抓口吐珠宝的吐宝鼠。头戴五佛宝冠，身着天衣，蓝色莲花及珠宝璎珞作严饰。胸前挂乌巴拉念珠，以如意坐左脚曲，右脚轻踩海螺宝，安坐于莲花月轮上。诚心持诵黄财神心咒，可获其庇佑，能财源广进，免除穷困以及一切经济窘困。如果能发生无上菩提心，发愿救度一切众生于贫困，则福德更不可限量。

佛教黄财神

黄财神作为北方司众财部之首，掌诸宝库，众生修习财神法的功德利益是非常殊胜的，可让修持者俱足因缘福报，以发心向善，不致被生活窘境所困扰，方便安心求道。而修习财神法门，只要以虔诚之心持诵念咒，即可获得黄财神的加持庇佑，能使人财利俱足，免除经济压力及一切的窘境，更能增长福德智慧并延寿。供养财神的方法有很多种，例如火供、水供等，也可以请密教上师摆设坛城施法。然而财神之所以应予人们赚钱，则是希望透过众生祈求达所愿，并帮助众生累积自身的福德，先能种下自己的善业福田，再将己身的能力用来造福人群、利益广大群众；修法者也要发无上菩提心，广结善缘、努力布施及回向十方，广开悲心福愿、行善积德，才是一个正信的修行者，以此发心来修财神法，也才能够得到圆满富足。

黄财神的身、口、意、福业、功德等又化身成五色财神，即黄财神为意、红财神为口、白财神为身、蓝财神为福、绿财神为功德化身。

白财神藏名"臧哈嘎玻"，又名白宝藏王，是观世音菩萨的慈悲化身。修持白财神法门，可祛除贫病穷困之苦，消除罪业障碍，增上顺缘，获得受用无虑，属无财信士起修之妙法。行者亦当以观世音菩萨之大悲心为本，常行无相布施，照顾贫苦大众，自然如愿相应成就。其功德：祛病，除去一切贫苦、罪恶障碍，增长一切善业，于诸受用富饶增上。白财神一面二臂，面容半怒半笑，三目圆睁，发上冲，以五佛冠为头饰，上身批绸缎，巴乍勒嘎绸缎为裙，以各类宝物为饰。右手持宝棒，左手持三叉，足右屈左半伸。以绿龙为坐骑，莲花月轮为座，身白如月光。白财神以身白色，表示能使一切众生具足洁白妙好之财宝，右手持宝棒表示汇聚一切财神之功德，能救度饥饿中的众生之苦。

佛教白财神

红财神是西方阿弥陀佛的化现。有能招聚人、财、食等诸受用自在富饶的功德。而此修法也随着修行者的发心而可获得不同的果报，如果是发起无上菩提心者，则可得证世间及出世间福德圆满，若是求世间财富者，亦可满足，若是赤贫者，也可获得食物充足的利益。

佛教红财神

红财神是萨迦派密法中的一位功德无比的财神。在藏密萨迦派，很重视红财神的密修方法及教言。古时王者或贵族常修习此法，易与相应，为怀爱之法门。红财神一面二臂，二目善怒面，以各种宝物为饰，头戴五佛冠。右手持摩尼宝，左手抓吐宝鼠，右脚伸做脚曲，立于莲花月轮上。修习红财神法，持诵念咒，可获得红财神护佑，财源茂盛，能免除穷困及一切经济困境。

　　绿财神为东方不动佛的化身。绿财神起源于印度绿度母。绿财神乃是藏密无上瑜珈部之不二续"时轮金刚本续"中所传出的，亦是东方金刚不动佛(Buddha Aksobhya)所现的应化身，受释迦牟尼佛嘱咐，为一切贫苦众生转大法轮。其功德：令一切作为成功、圆满，净化恶运、障碍，于诸众生受用富饶增长。此尊形象为一头二臂三目，头戴五佛宝冠，上披彩带，下着天衣绸裙，以众宝璎珞作为报身庄严，右手持满愿宝果，左手捉吐宝鼠，腿左伸右屈，右足轻踩于白螺上。绿财神右手持可令一切如意之"比杂布喇"果，左手抱吐宝鼠"纽列"。与佛母财源天女，双运于大乐中。修此绿财神

佛教绿财神

法前，必先修前四种财神之一圆满后方可。应行者不同所求，皆令其满愿，并使之恒长绵延。

　　黑财神藏名"臧哈纳玻"，乃是五方佛里面的东方金刚不动佛，为了利益娑婆众生能脱离穷困之苦恼而化现，主要为驱除所有恶运纠缠，并使一切善愿都能心想事成圆满无碍。有许多人认为，黑财神是五姓财

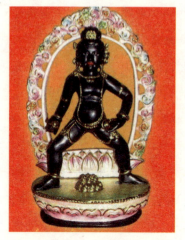

柒 十方财神

佛教黑财神

神中施财立即见效的财神，甚至称他为财神王。黑财神是从古印度财神演化而来的。常见的黑财神一面两臂，怒面三目，以不动佛冠为头饰，身材矮胖，红发黑肤裸体，大肚福相，右手托嘎巴拉颅器，左手抓吐宝鼠，足下踩一个俯卧裸体男人，踏于莲花月轮座上。左手抱大鼠鼬，象征财宝；右手托一个骷髅碗，象征幸福。修持黑财神法门，可获其庇佑，消除怨敌、偷盗、病魔等障，使诸受用财富增长。

相传黑财神曾帮助中印度裟婆罗国爱好和平、勤政爱国的平婆王证悟佛法，并从周围列强手中取回失去的国力，所以一般人在修法时，均认为他可以助人取得失去的财富。对觉得自己的运气总是奇差无比、甚至厄运连连的人来说，黑财神是最佳的依靠！根据经文记载，黑财神是由最上诸佛之心（意功德）所化现而成，可以满足人们的一切愿望。

第三节
京华财富五显神

五显财神信仰流行于宋代江西德兴、婺源一带。他们原为兄弟五人，宋代封为王，因其封号第一字皆为显，故称五显神。生前劫富济贫，死后仍惩恶扬善，保佑穷苦百姓。北京安定门外有五显财神庙。

《三教源流搜神大全》载，五显公之神在天地间相与为本始，至唐光启中降临于要源。民间相传本邑之民王喻在城北有一处园林，一夕，园中红光烛天，见五神人自天而降，自称受天之命，当食此方，

170

福佑斯人，言讫，升天而去。王冶与邑人遂聚集百姓，立庙虔供行祷，莫不应验。最初取庙号为"五通"，大观中始赐庙号曰"灵顺"。其显灵之事，屡闻于朝，此后果有褒封。宣和年间封两字侯，绍兴中加封四字侯，乾道年间加封八字公；嘉泰二年封二字王，景定元年封四字王，因累有阴助于江左，封六字王，景定十一年又告下封八字王。宋理宗改封八字王号：第一位，显聪照应灵格广济王，显庆协慧昭助夫人；第二位，显明昭烈灵护广佑王，显慧协庆善助夫人；第三位，显正昭顺灵卫广惠王，显济协佑正助夫人；第四位，显真昭佑灵祝广泽王，显佑协济喜助夫人；第五位，显德昭利灵助广成王，显福协爱静助夫人。由此被称为五显神，其庙亦称为五显庙，祈之颇灵验，日后香火益盛。宋王逵《蠡海集》称九月二十八日为五显生辰，南宋时期影响已不止江西德兴、婺源一带，临安(今浙江杭州市)亦有其行祠。五显神的传说盖始于唐，见于典籍者，实始于宋。《夷坚志》载五显神之事极多，但别于五通神。后世常有五显、五通混淆之事。《夷坚志》载：德兴五显庙，为其神发迹处。有福州长溪人林刘，举在国学，将赴解省之际，梦五显神降临，遂被推荐为德兴县尉。

江西寻乌县农村，每年农历九月二十八日五显大帝生日这天要举行隆重的庙会，为他祝寿，祈求风调雨顺，田禾大熟。每月初一、十五，烟商们都要到设在南门的"五显庙"去焚香上供，每年正月十五至十八迎五显大帝，东西南北四大城门各迎一天。五显大帝回庙后，烟商们又连忙挑了"五牲"（鸡、鸭、鱼、猪肉、牛肉）、香烛纸炮，赶到庙里去祭礼。

目前供奉五显大帝的有广东、台湾、澳门、江西和福建等地。农历九月二十八日各地参拜与庆祝五显大帝诞期的习俗基本相同。

五显神的传说

五显镇位于舒城县西南60里。它背倚孟潜山脉，面临万佛湖水，是一个山清水秀、人气很旺的山区集镇。镇之得名五显，与流传当地的五显神故事有关。

相传，从前这里住着一户人家，兄弟五人忠厚善良，待人诚恳，助人为乐。他们热爱生灵，从不伤害无辜生命，与大自然和谐相处。一次观音菩萨云游至此，听了山神土地呈奏五兄弟的功德，心想："花花世界，芸芸众生，功名利禄，嗅腥逐臭，还有像五兄弟这样的好人!?"她怕山神土地弄虚作假，打算亲自考查一番。

这天，五兄弟见到一位衣衫褴褛的老婆子，颤颤巍巍地上门乞讨，顿起怜悯之心，把老婆子接到家中，奉茶递饭，嘘寒问暖。讨饭婆子自称中年丧夫，晚年失子，无依无靠，流浪乞讨。老人的悲惨境遇，牵动了五颗赤子之心，五兄弟苦劝老人留下，可老人却执意不肯。天寒地冻，大雪飘飘，五兄弟岂能忍心让这孤苦伶仃的老人饿死村头，冻死路边!

"老人家，'天有阴晴，月有圆缺'，人生在世，谁能不遇个三长两短，我们兄弟五人还能多你老人家一张嘴吗？"五兄弟说得诚恳。

京华财富五显神

老人见他们兄弟确是实心实意，也很坦率地说："老身生来脾气古怪，岂能让小哥儿们久后怄气!"

五兄弟见老人为难，一齐长跪面前，拜讨饭婆子为母，愿尽下辈孝顺之道，老人这才应允。从此，五兄弟赡养老人，百依百顺。可是，这老婆子脾气古怪，煮饭不愿烧草，五兄弟就进山砍来柴枝；老人要喝活水，五兄弟就去远处挑来山泉；老人生病不愿吃药，五兄弟就争相"割肱"熬汤；老人大发脾气，五兄弟就好言相劝。母子六人和睦相处，相依为命。

这一年，风调雨顺，五兄弟种的水稻长势旺盛，眼盼秋后有个好收成。可是稻子刚刚孕穗，老人要五兄弟把青苗割掉，晒干收好，说是秋后有用。这一下可难坏了五兄弟："庄稼不收当年穷啊！现在割了，秋冬吃什么呀？"老太婆见他们兄弟迟疑不决，拿起讨饭棍就要走。五兄弟见状一齐跪下求情："老母息怒，孩儿们听话就是。"

五兄弟连天加夜割下了孕穗稻子，并按母嘱，晒干藏好后，就外出打柴烧炭，以谋秋后生计，邻居们都以为这家人着了魔，也不好多问，只是背后摇头叹息。

哪知这一年老天少雨，入夏以后干得河断流、塘见底，眼看正当抽穗的禾苗被烈日烤得枯焦，秋后颗粒不收。这年秋天，京都御马院瘟疫流行，皇上的御马纷纷倒毙。内侍百官惶惶不安，万岁太后忧心忡忡。一天夜里，上界托梦万岁，须用孕穗干稻禾熬水给马喝方可有救。万岁梦醒，传谕天下：凡贡献孕穗干稻禾者，赐予高官，赏以重金。

五兄弟得知消息，赶忙回家告诉老母。当他们刚踏进家门，只见老人家已脚踏莲花、手执云帚飘然而去。他们恍然大悟，原是菩萨点化。五兄弟将干藏的禾苗送进皇宫，御马院如法炮制，御马得救。皇帝龙颜大悦，立诏五兄弟晋见，欲封官加赏，五兄弟一再辞谢并表示："我们是庄户人家，应以勤劳节俭为本。"万岁确也被他们的品德所感动，于是就封他们为五显神。

五兄弟被诰封成神的消息传到了家乡，山神土地为之高兴，父老乡亲为之欢呼。五兄弟回到家乡仍过着平凡的生活直到终老。后人为不忘五兄弟的功德，化缘募捐建成了一座五显庙，并塑成五尊金像，供奉人间，永祭香火。地以庙传，"五显"地名亦沿袭下来。

第四节
日本财富大黑天

日本人供奉的财神是大黑天，即招手财神。

在密宗诸天神中，正确的财神称为"摩诃迦罗"，俗名"大黑天"。由于"大黑天"的灵力极高，较易与人沟通，所以日本人尊之为财富之君。经云："常奉此则衣食不缺；商人供之利益如大江。"因此，拥有一尊"大黑天"财神，对营商或投资实有一定的助力。

大黑天（梵语：Mahākāla，藏语：Gonpo）又意译为大黑、大时、大黑神或大黑天神等，或者直接音译为摩诃迦罗、莫诃哥罗、玛哈嘎拉等。该神本是婆罗门教湿婆（梵语：Siva，又名"Maheshvara"，即大自在天）的变身，原是古印度的毁灭之神，后为佛教吸收而成为佛教的护法，特别是在密宗中大黑天是重要的护法神。藏传佛教认为大黑天是毗卢遮那佛（或称为大日如来）降魔时呈现出的忿怒相。

大黑天又译为"救怙主"，藏语称"贡保"。进入佛教后，颇受密教崇奉。藏密说他是观世音菩萨化现的大护法。东密说他是大日如来降伏恶魔所现的忿怒夜叉形象，位居诸大护法神之首。在藏密中，他既是护法神，同时也是密宗修法所依止的重要本尊。据说他的修法《大黑天神秘密成就次第》十分秘密，不是入室弟子不得传与。

大黑天在密教里受到重视，原因是他具有四种特性，也就是四种保护众生的功德。其一，相传他有无量鬼神眷属，他们都长于飞行和隐身，能在战争中保护那些祈求的众生，所以他又被奉为战神。其二是厨

房神，他能保护众生食物丰足。据唐僧义净
《南海寄归传》载，东南亚及我国南方百姓厨
房和仓廪多供奉其塑像。其三，相传他与他的
眷属七母天女，能赐予贫困者福德，所以又有
福德神之称。其四，相传他常守护亡人坟墓，
故又得名冢间神。因此大黑天兼具有战斗神、
厨房神、冢间神与福德神四种性格，受到相当
崇仰，具有广泛的影响。

日本大黑天

　　值得一提的是大黑天以战神的特性还曾
深受内地封建统治者信奉。元朝时藏密开始传入内地，大黑天首先得到
了忽必烈的崇信，成为蒙古军队的保护神。蒙军征战时常把他带在军
中，作战前必先祈求于他。传说蒙古军队一次在攻打一座宋城时，城中
将士突然看到天兵天将布满天空，宋城不战而降，说是大黑天所显的威
灵。清朝时，满族人因受蒙古信奉藏传佛教的影响，对大黑天也十分崇
信。据说皇太极曾得到一尊元朝末年从五台山辗转流落到蒙古察哈尔
部的纯金制作的大黑天像，特建庙(实胜寺)供奉。清朝入关后，北京等
地大建大黑天庙，最著名的是北京东城区南池子大街内的"玛哈噶喇
庙"。它原是睿亲王多尔衮私邸，多尔衮消爵后，康熙帝即令改为喇嘛
庙，供奉大黑天。

　　大黑天的形象有多种，常见的有二臂像、四臂像、六臂像。因为这
三种形象各有特色，且各自供奉也很普遍。六臂大黑天是大黑天最常见
和最圆满的一种形象。

　　六臂大黑天身体呈蓝色，着虎皮，项挂五十人头骨大念珠，戴五
骷髅冠。在他身上有许多蛇，头顶以蛇束头发，脖子上有一条大花蛇直
垂下来，手腕和踝骨也都缠着黄白相间的蛇，这些装饰都是表示对龙王

175

的降伏，同时也增添了他恐怖、愤怒的气氛。他的六只手都持有物，中间两手置胸前，也是左人骨碗，右月形刀，其余四手分开：上面两只右手拿人骨念珠，左手拿三叉戟，表示他要戳穿天上、地面、地下有情的关系；这两手还同时张开一张象皮，表示驱逐无明。下面一双右手拿手鼓，以勾召女妖，将其制伏；左手拿索，一端是金刚杵，一端是钩子，表示勾缚一切妖魔。站立姿势，右腿屈，左腿伸，两足踩在象头天神的胸腿上。象头天神呈白色，是北方的财神，呈仰卧式，头向后，左手拿人骨碗，右手拿萝卜和一袋饼。据说这位天神原很残暴，被大黑天降伏后，便用这种姿势侍候他。主尊身后有火焰背光。

乾隆年间六臂大黑天

明代两臂大黑天

这些藏传大黑天像大部分是修持供养或者护法降魔时用，而民间所用求财富之像，多为东密台密港密所传之平和笑姿。

由大黑天、弁财天、毗沙门天三位一体的三面财神更是财神中的极品。

第五节
台湾财富百家神

台湾人拜的财神是关公，这源于他很讲义气，忠义两个字他做到了。

财神是中国民间普遍供奉的善神之一，每逢新年，家家户户悬挂财神像，希冀财神保佑以求大吉大利。平常也有一些酒楼饭店，常供财神或者供关公的，关公即关羽，在中国是一个家喻户晓、妇孺皆知的人物。关公什么时候成了财神的呢？

关公本是三国时代的一个历史人物，史书里的关羽只是从"将"变成"侯"，并未变成一个神。根据西晋陈寿的《三国志》载，关羽是个乱世英雄，长着一脸络腮胡须，作战很是勇猛。他与刘备"誓以共死"，不买曹操的账，"尽封其所赐，拜书告辞"。后因荆州战事失利，关羽死于现在的湖北安远一带。关羽一生中被封过两次，一是在为曹操斩颜良后被封为"汉寿亭侯"，还有一次是在死后被蜀国追谥为"壮缪侯"，但当时所有的史料都没涉及他是神。那么，关羽究竟什么时候成了财神的呢？

大概在隋唐时期，关羽开始被"神化"。唐代《重修玉泉关庙记》记述了关羽帮助隋代智大师兴建玉泉寺的传说，说"（关羽）生为英贤，没为神明……邦之兴废，岁之丰荒，于是乎系"①。

另据史载，关羽蜀汉时封前将军、汉寿亭侯。关羽封地为刘蜀汉寿地，在今四川境内。亭侯为汉代五侯中爵位最低者。宋徽宗封武安王，以后屡次加封，明万历始封"三界伏魔大帝"，清朝曾十次加封，"顺治元年定祭关帝之礼。九年敕封忠义神武关圣大帝。（乾隆二十三年）加封关帝为忠义神武灵佑关圣大帝"②。

到光绪五年（1879年），关羽的封号长达二十六个字，被封为"忠

①选自《全唐文·卷六六四》
②选自《清朝文献通考·郡祀考上》

义神武灵佑任勇威显护国保民精诚绥靖翊赞宣德关圣大帝"，旷古未有，令人惊叹。

朝廷的统治者如此热心，自然也会影响到老百姓的热情。唐代时，关羽在民间被称为"关三郎"，"关三郎"是做什么的呢？其任务就是监督寺庙里的和尚。

宋代，人们对关羽的关注表现在修建关王庙上，关王庙在当时慢慢成了一道风景。到明代万历年间，关羽得到了道教的最高封号"三界伏魔大帝神威远镇天尊关圣帝君"。到了清代，"凡通衢大道以至穷乡僻壤，无地无之"，建关王庙之风，有增无减，关公成为各行各业的保护神。也许是觉得这样对关公还不够重视，人们于是又让关公再司"财神"一职。于是在清朝，关公的角色发生了转换。

关公的角色之所以在清朝发生改变，与康熙、乾隆时期民间的商业十分繁荣有着很大关系。当时，各行各业都借"三国"之事奉关公为其行业神。如相传关羽年轻时曾卖过豆腐，豆腐业也就借此供奉关羽为豆腐的神了；烛业则因关公秉烛达旦，恪守叔嫂之礼，而奉其为神；更有趣的是理发业、屠宰业、刀剪铺业，因为他们的工具都是刀，而关羽的兵器就是青龙偃月大关刀，也把关公奉为了神……

关羽后来的财神形象更为深化，与种种传说不无关联。杨庆茹在《问吧》一书中写到："几种传说深化了关羽的财神的形象，一说关公生前善于理财，长于会计业务，曾经发明记簿法，设计日清簿，清楚明白；另一说关公死后真神常回人间助战，商人在生意受挫后若能得到关公相助，就会东山再起。可见，商人选择关公当财神，看重的是他的忠义形象和惩恶扬善、佑民护民的万能神格，他们非常希望关公能保护他们的身家性命和财产安全。

"还有一种说法，认为关公成为财神与山西商人有关。山西商人把

178

关公作为出门在外的保护神，在他们遍布全国的会馆里建筑关庙。因为游走天下闯荡江湖也需要彼此照应，共同面对困难，因此，他们就经常仿照'桃园结义'结成异姓兄弟联盟，这也使关公忠诚和义气的美德广为流传。后来，晋商富甲天下，其他生意人也纷纷仿效，关公也就成了公认的财神了。"

其实，中国财神的起源颇为难考，所祭祀的神明也因时因地而有所不同，古代民间信奉的财神分为文武两类。关羽只是财神中的"武财神"，代表"诚信"。除了关羽，中国古代还有另一些财神。南宋时期民间出现的"财神纸马"，应是财神的原初形式。文财神由古代的文官演化而来，如比干、范蠡；武财神当然由武官演化而来，如赵公明、关公。即所谓"正财神"赵公明，"文财神"比干、范蠡，"偏财神"五路

台湾五路财神庙

神、利市仙官，"准财神"刘海蟾。范蠡代表"智慧"，而比干、赵公明代表"公正"。

关公是万能神明，明清被奉为"武圣人"，有"千古忠义第一人"的美誉。由于商贾们敬仰关公的忠诚和信义，把他拥为商界的守护神，作为财神来供奉，以期在商界建立"诚信"为基础的交易秩序。因关公守信重义，故又称"忠义财神"。

目前我国台湾拥有大大小小的关公庙宇200余座，分布宝岛各地，每日香火鼎盛，前来景仰膜拜者络绎不绝。在台湾各地，新的关庙和关公像仍在继续建造。据粗略统计，全岛的关公信徒有几百万之多，其人

台湾云林县关公庙

员涉及党、政、军、警、商贾和民众等各个层次。自海峡两岸关系缓和后，台湾有不少团体不惜重金，组织了浩浩荡荡的关公朝拜团，纷纷来到山西运城的解州关帝庙、常平

关圣家庙及湖北当阳的关陵、河南洛阳的关林等处朝圣、寻根问祖。

香港有不少公司、商店和工厂供奉着关羽的塑像或画像。据说有的警察出巡时，也要先拜关公，求其庇佑。

泰国有的法庭在开庭之前，全体法官须向关公宣誓表示忠心后才开始有关程序。而在菲律宾，有一个名为"南松园"的以关帝为盟主的商人组织，该组织在庆祝关帝圣诞暨第廿七届监理事就职典礼的致辞中，就自称是一个结义团体，敬奉关圣夫子为盟主。此外，当地不少的杂货店、旅馆、旅社、脚夫也奉关帝为祖师爷。

美国的"龙岗总会"，就是以崇奉关公为主的一个民间组织，其各地的分会达140多个，遍及华人涉足的世界各地。在旧金山和纽约的唐人街上，关公像可谓俯拾皆是。更有甚者，美国前总统里根的夫人曾专程到过旧金山、洛杉矶等地的关庙向关公乞灵，以助其夫君竞选成功，在美国引起了不小的轰动。

日本华裔社会的关公文化也颇为兴盛。目前，日本神户、横滨、长崎、函馆等地都建有富丽堂皇的关帝庙。在横滨关帝庙，每年农历六月二十四日都要举行庆祝关公诞辰的活动，以舞狮、舞龙等来展现中国的传统文化，热闹非凡。每逢元旦和除夕之夜，这里也整夜开放，以接受广大信众的祭拜。在这里，"关帝庙已成为连接华侨华人和祖先、儒释道众神的场所，成为连接中国传统文化和故乡的场所，成为许多人心心相印的地方"。

我国中东南沿海地区处于市场经济大潮的前沿，又最易受到海外关公文化的辐射。因此，关公文化首先在这里复兴。在深圳与广州街头的诸多陶瓷商店中，关羽等神灵的大大小小的塑像占据柜台；在珠海的现代居舍的楼堂正中，祖先和财神共享烟火，摆满现代电器的组合柜上，关公和菩萨占据了"首席"之地。

福建东山县的铜陵关帝庙，每天24小时开放，香火十分兴盛。此庙已有600多年历史，被视为关帝庙的祖庙。当地人对关公的信仰十分虔诚，据称有90%的居民都在家中悬挂关公圣像供奉。他们视关公为万能之神，当地的小孩出生后往往拜关公为契父(义父)，祈求平安成长，甚至青年男女决定生身大事时也往往于关公像前算卦，恭请关公神灵定夺。在春节前后，人们聚集庙内连唱大戏，长则几个月不断，每逢关公祭拜日更是人山人海，十分热闹。

近年来，在山西、河南、湖北、湖南、河北、北京等省市，一些有名的关庙竞相对游客开放，并定期举办大型的庙会或其他文化活动。

伴随关帝庙复兴的是广大民众对关公的敬奉和崇拜。令人寻味的是，在几乎全民虔诚信奉喇嘛教的西藏拉萨、日喀则、山南、江孜等地，关公亦占有一席之地。大昭寺前左侧的八廓街的商店里都摆放着大大小小、形态各异的红脸关公塑像。

随着海内关公热的兴起，艺术家们抓住时代的脉搏，先后拍摄了《关公》《武圣关羽》《关公出世》《三国梦》《三国演义》等电视专题片和电视连续剧，深受广大观众的喜爱，使关公"对国以忠、待人以仁、处事以智、交友以义、作战以勇"的英雄形象更加深入人心。

凝聚在关羽身上而为万世共仰的忠、义、信、智、仁、勇，蕴涵着中国传统文化的伦理、道德、理想，渗透着儒学的春秋精义，并为佛教、道教教义所趋同的人生价值观念，实质上就是彪炳日月、大气浩然的华夏魂。关公信仰既是历史现象，又是当今海内外的现实存在。改革开放以来，伴随着民族传统文化的复兴、海外华人与大陆交流的加强，关公信仰在内外的合力下逐渐复兴，成了不少地方引人注目的宗教文化现象。考察关公信仰的民族文化背景，正是为了让我们认清其文化意蕴，了解其来龙去脉，从而正确对待这一中华民族的传统文化遗产，进行有效的扬弃，避免不明就里的片面批评或全盘吸收。推而广之，对于我国的其他传统文化现象，也应该持此立场。

捌

神物五宝

三足金蟾

　　人们信奉财神，虔诚地供奉，以祈求赐福降财，给自己和家人带来财富、吉祥和幸福。随着众位财神在民间的影响力越来越深远，财神文化也越来越普及。同时，人们在供奉、祭拜财神的活动中，创造出了各种能够带来财富，或是帮助人们满足财富愿望的吉祥物，如聚宝盆、摇钱树、三足蟾蜍等。这些作为财神信仰中所衍生出来的吉祥神器，随着各位财神形象的普及，也成为人们供奉和祈求的对象，成为财神文化里不可分割的一部分。

185

第一节
聚宝盆

说到聚宝盆，就不得不说沈万三其人。

沈万三本名沈秀，又名沈富，字仲荣，湖州南浔（今浙江吴兴县南浔）人，幼年有上私塾，读过《四书》《五经》之类的经典。起初沈家在周庄耕种的是一片低洼地，只出产芦苇和茅草。但他们勤于耕作，使之成了产量颇高的熟地。周庄土地肥沃、气候温和、灌溉方便，历来

是种植粮食和油菜，种桑养蚕的好地方。沈万三随父亲沈佑来到这里，主要也是依靠发展农业生产，"躬耕起家"。东庄有着许多巨大的粮仓，每年都储藏着无以计数的粮食。

沈万三故居前雕像

然而好景不长，有一年发大水，不仅冲坏了所有农作物，还冲走了粮仓的粮食，房屋也摇摇欲坠，父子俩见此情景不禁伤感万分，只能暂时安顿在临时茅屋内，重新开始耕种那几亩被大水冲洗干净的低洼地。沈万三和父亲是殷实的庄稼人，耕耙收种、又把扫帚扬场锨，样样拿得起，还有一身使不完的劲，勉强也能度日。

有一年新蚕茧上市，沈佑收购了些新茧，让沈万三把茧子拿到盛泽去转手倒卖，打算小赚一笔。然而涉世未深的沈万三被骗去喝酒赌博，一夜工夫就将卖茧的银子输得精光。身无分文的沈万三无法回家去面对自己的父亲，便决定在一个破旧的财神庙内睡一晚上，想等父亲气消了

才回家。

这天夜里，沈万三忽然做了一个梦，梦见自家的耕地里埋了个盆，上面站着个白胡须的老头，老头笑着说，这是个宝物，能变出任何装进去的东西。使用适当就可以带来幸福，如果是贪心的人使用，反而会招到灾难。话音刚落，只见一阵青烟，老头不见了。沈万三醒后无法入眠，始终不明白其中的道理，他不知道是凶是祸，转头又想起输钱的事，一阵感伤涌上心头。第二日天蒙蒙亮，沈万三挑着空空的担子，往家的方向走去，一路上不断思考怎样向父亲解释。等到家，发现父亲远远地坐在门前，闷闷不乐，若有所思，像是在等待什么。看见儿子回来，说，我们去耕地吧。见父亲没有追问为什么一夜不归家，沈万三心中更不是滋味，他看着父亲苍老的脸，想说些什么。"万三啊，什么都不说了，这是个教训，以后记住就是了，我们还有劳力，重头来。"父亲说完不紧不慢地赶着牛下地去了。老牛一趟没到头，铁犁翻出了个大瓦盆。沈万三忙捡起瓦盆，揩去泥，看了看，普通的一个瓦盆，没有什么特别之处。想着家中正缺少个装米的大盆，先将就着用吧。于是用井水把盆清洗干净，顺手往桌上一撂，就听"当啷"一声，发出金属的撞击声。这时父子俩才发现那不是普通的盆。随即沈万三想起了头天晚上做的梦，于是好奇地抓了一把米撂在盆里，只见盆里顿时冒出一层层的雾气，不一会成了满满一盆米。沈万三高兴地跳起来，将父亲喊来，讲述了自己的那个梦，并重复了刚才的动作，又变出一盆米来。父亲看傻眼了，愣愣地站着不说话，过了半晌才缓过神来。沈佑看着儿子，说："孩子，这个是个宝盆啊，我们不能贪心，不能乱用啊。我们还是靠自己的辛苦来持家，不能靠取巧生财，不劳而获，否则这个家会有灾祸的。"久久的，沈万三才点点头，同意父亲的话。于是这个盆就成为装粮食的普通的盆，父子俩还是靠自己的劳动维持生活。日子倒也过得还不错，一晃又是一年过去了，渐渐他们有了存款，修了新房子。

这年，夏蝗成灾，飞蝗蔽天，所到之处，禾麦皆无，十户人家有五户讨饭，路边、山坡的榆树皮都被剥下充饥。这样下去肯定会饿死许多人。沈万三父子俩商量，从明日起向灾民发放馒头，每人每天两个。第二天天没亮，他们就蒸了一锅馒头，倒在一个大盆里，然后拿一个馒头放在盆里，不一会变出了一盆馒头。如此反复着，天快亮了，雪白的馒头已堆满了一大笸。沈万三带着一带馒头奔走在街头巷尾，逢人便说有免费的馒头。人们一传十、十传百，在沈家门前排起了长龙。灾民们手捧着雪白的馒头，对父子俩感激不尽。就这样每天在沈家门前都有成千灾民领食馒头，整个潘村无一人饿死。贫苦人家都说沈万三父子是神仙派下凡间救苦救难的菩萨。那些富户人家中，开始有人注意沈家了，他们对沈家每天发放馒头感觉蹊跷。百里之内小麦基本绝收，沈家哪来那么多的小麦面？每日发馒头上万个，需要蒸多少锅啊，可怎么不见沈家烟囱冒烟呢？人们纳闷，好奇，不断增了些猜疑。

当地有个富甲一方颇有权力的财主，这日，说请沈佑去商量救济灾民的事。沈佑看财主如此的大仁大义，放松了警惕，平时不喝酒的沈佑在酒过半巡后吐露出自家有个宝盆的事，还得意地说出了救济灾民的馒头也是由宝盆变出来的。财主听后，不由得升起贪婪之心，想将宝盆据为己有。他便找人传话给沈万三，要他带着宝盆来换沈佑的性命，却对百姓们说，他和沈佑商量救灾的事。沈万三十分气愤，却无计可施。第二

刻有五路财神的聚宝盆

188

日，便带着宝盆来到了财主家。财主对沈佑说的话半信半疑，拿来一锭元宝，让沈万三示范。沈万三将元宝丢进宝盆里，一阵烟雾后，变成了满满的一盆元宝，财主笑得合不拢嘴，抢过沈万三手中的宝盆，不等沈万三说出白胡子老头的忠告，便独自奔进了房间。沈万三父子俩面面相觑，摇头出了财主家。

话说财主得了宝盆后，迫不及待地想要变出更多的财宝来，他在房间里，忙不迭地先把一锭银子放进盆中，不到一刻变成了一盆；倒在地上，再变一盆。他就这样不停地忙着，反复地倒着银子，银子越变越多，越堆越高，到了半夜，整个三间屋子全堆满了，这财主还在不停地变，不停地倒，不停地堆。突然"轰"的一声，四面墙被挤崩溃了，屋顶塌了下来，财主被埋在了银子堆里。附近的乡邻们在倒塌的废墟里又扒又抠。一直扒到天亮，倒房堆里，除了破砖碎瓦之外，根本扒不到银子，而只是一块块狗头石。

当然了，上面关于沈万三得到聚宝盆的故事只是传说，沈万三真正致富的原因有三个说法："垦殖说"、"分财说"和"通番说"。

垦殖说

许多史料上都有记载，但真正完善地提出这一说法的，是昆山文管会陈兆弘在"明代经济史学术讨论会"上发表的《明初巨富沈万三的致富与衰落》一文。文中重点提出：沈万三从"躬稼起家"继而"好广辟田宅，富累金玉"，以至"资巨方万，田产遍于天下"。沈万三依靠垦殖发富，乃至成为豪富，号称江南第一。

分财说

《周庄镇志》①记载：沈万三秀②之富得之于吴贾人陆氏，陆富甲江左……尽与秀。明代杨循吉在《苏谈》中记录：元时富人陆道源，皆甲天下……暮年对其治财者二人，以资产付之，其一即沈万三秀也。以上

---

① 此话引用于（《周庄镇志》卷六·杂记）一文。
② 前面有提到，沈万三原名沈秀，所以这里会出现沈万三秀的说法。

两个，都说沈万三是得到了吴江汾湖陆氏的资财，才成为江南巨富的。

通番说

《吴江县志》载：沈万三有宅在吴江二十九都周庄，富甲天下，相传由通番而得。

著名历史学家吴晗也说：苏州沈万三一豪之所以发财，是由于做海外贸易。这说明沈万三是由于把商品运往海外贸易，才一跃而成为巨富的。

事实上，沈万三之所以能成为江南巨富，上述三个因素缺一不可，而且密切相关。"其先世以躬稼起家……大父富，嗣业弗替；尝身帅其子弟力穑"说明他有立业之根本。得到汾湖陆氏的巨资也因为其治财有方，尤其凸显出他"经济管理"方面的才能：获得巨资后，一方面继续开辟田宅；另一方面把周庄作为商品贸易和流通的基地，利用白砚江（东江）西接京杭大运河、东入浏河的便利；把江浙一带的丝绸、陶瓷、粮食和手工业品等运往海外，开始了他大胆地"竞以求富为务"的对外贸易活动，使他迅速成为"资巨万万，田产遍于天下"的江南第一豪富。

再说聚宝盆。

在江南汉民族的民俗中，聚宝盆是财富的象征，更是最重要的镇宅之宝。"聚宝"即是善于敛财，往往是同勤俭持家或者勤俭节约联系在一起的，只有这样才能使财富生生不息，"聚宝盆"，恰巧就是这种品德的实物，所以被尊为几大财神物件之首。而沈万三就是那个深谙"聚宝"即"善于理财"的人，所以民间就流传了关于沈万三和聚宝盆的传说。

从专业的理财角度说，沈万三之所以能拥有富甲一方的财富，有如下几点：

专业完成原始积累

　　沈万三并非含着金钥匙出生，他也是个两腿沾泥、从土地里刨食的庄稼汉[①]。所以他的原始积累，就是做生意的本钱，也是从土里得来的。元代江南地区土地高度集中化，租佃关系逐渐发展起来；农田水利的发展让水田种植发达，稻田面积日益扩大。沈万三家族就借这两个机会，将失去业主和佃户的土地据为己有。当时的周庄人少地多，而且地处江南，水资源丰富。沈万三就用极为便宜的价格买到了大片肥沃的土地，而沈佑是农业专家，对种植灌溉很有研究，加上沈家老小齐上，勤劳耕作，产量自然比别人高，很快就"田产遍吴下"。在整个大家族的努力奋斗下，很快完成了资本的原始积累。沈万三开始以周庄为大本营，将目光投向商界，开始进一步拓展事业。

沈万三故居内部经商场景图

---

① 《明史》卷113 "马皇后传"。

天时地利的外在条件

前面有提到过《吴江县志》的记载中有"通番"一说，即国际贸易。元代曾推行"诸番商贩，率获厚利"[1]，江南的海外贸易非常发达，当时元朝政府还设立有专门掌管海外贸易的机构——行泉府司，中国商人的足迹遍布日本、南洋、中亚甚至非洲等地。所以离苏州颇近的沈万三受其影响，大做海外贸易。加上优越的交通条件让沈万三自由穿梭于内地和国外各大商贸城市之间，从而获得巨额财富。

成熟的理念成就致富

沈万三认为利润源于买卖的差价，会做生意的人要善于捕捉商机、把握时机，不失时机地买进卖出，一旦发现机会一到，需要当机立断才能获得利润。这样的理念放在当今商场也是最基本的经商要领。贫苦出生的他有着吃苦耐劳的良好品德，他深知创业的艰难，所以就将经商理念传授给手下人，形成了现代"企业管理"的雏形。

某年江南夏熟丰收，秋熟作物也长势良好，粮价下跌。沈万三看准时机，将田产当尽囤积了几万石粮食，亲人皆骂其愚蠢。次年，苏北大旱，粮价飞涨，沈万三将粮食运到苏北，狠发了一笔。敏锐的观察力和判断力，是经商者必备的能力。

超前的环境理财意识

沈万三不只有成熟的致富理念，还非常关注投资环境和人居环境。认为这同把握商机有着万分密切的关系。

据《盛湖志》记载，沈万三是先就近投资。他在盛泽建南胜坊、北胜坊，就相当于我们今天的综合性市场，吸引东南西北各路商家到此地做生意。他"植红梨万树于湖滨"[2]，让经营者和消费者都能置身于秀丽的风景中，这样不仅构建了人与自然的和谐，还构建了买卖双方的和谐，利于聚集人气。这样的超前意识和当今我们创建园林化生态城市如

---

①《北京图书馆估计珍藏本丛刊》影印万历刊本。
②上海古籍出版社《续修四库全书》影印万历刊本。

出一辙。同时，为了关心长年独自在外的商贾们的业余生活，他设南书房北书房以及女间，所谓女间即"歌舞伎"。在当时的社会环境，特别是商业环境中，这不仅是允许的、合理的，更是必要的。

至于沈万三因财富而受朱元璋嫉妒并受其迫害，已是后话了。

第二节
摇钱树

《三国志·魏志·邴原别传》："原尝行而得遗钱，拾以系树枝，此钱既不见取，而系钱者愈多。问其故，答者谓之神树。原恶其由己而成淫祀，乃辨之，于是里中遂敛其钱以为社供。"从上述记载可知，人们最初不是从树上摇钱、取钱，而是往树上挂钱。挂钱的原因，是人们认为树系神树。由于邴原拾钱挂在树枝上，引起众人仿效，竟成"淫祀"，人们"敛其钱以为社供"。这个习俗还沿袭到了今天，只是昔日的挂钱演变成了今天的挂红布、纸钱之类。在西南地区的农村郊野，路分叉的地方都种有黄角树或者榕树之类的大树，上面就挂着些供奉的红布、纸钱等，其功效和《邴原别传》里所记载的类似。到了每个月的初一、十五，还有人去上香，祭拜。

《邴原别传》算得上是最早的关于摇钱树的记载，除此之外，很难再从各种典故或者正史、野史中找到关于"摇钱树"的记载。倒是在民间，流传着许

汉代摇钱树

多关于摇钱树的故事。

廖三宝是广西上思壮族民间传说中的一个神奇人物，他出生在凤凰山上一个小村子，自幼父母双亡，由叔父抚养，十三岁就被送到南门外的财主江老爷家打工。江老爷把他安排在酒坊做帮工，负责砍柴、蒸酒和喂猪。

一次酒坊的柴烧光了，江老爷催三宝去打柴，三宝却是一脸镇静，说"不急，不急"。到了晚上，酒坊果然又烧起火来，三宝照常挑水蒸酒。江老爷悄悄走进酒坊，只见三宝坐在灶前打瞌睡，一双脚伸进灶膛里，熊熊的火正烧着他的双脚！江老爷慌忙叫醒三宝，三宝听声，一抽脚，灶膛里的火即刻就熄灭了。再看三宝的脚和往常一样，完好无损。

江老爷的老婆为人吝啬，对穷人尤为刻薄，更可怕的是很多事江老爷还不得不听她的。那年大旱粮食歉收，很多农民穷得不开锅了，江老爷的老婆竟然以粮食歉收为由克扣长工一年工钱。到了年关，长工李二家的小女儿细妹哭闹着要吃年糕，三宝听到哭声，就让细妹带上碗跟自己去了江老爷家门口。

此刻江家正在张罗年夜饭，厨房里酒肉飘香。厨子把肥鸡从锅里捞出来切成块，奇怪的是切一块不见一块，也没掉到桌子下。厨子感觉鸡块是被看不见的手抽走的，继续装切肉，突然来个刀锋偏转，朝手伸来的地方砍去，只听"当"一声响，像是砍到了硬物，还冒出火星。厨子一扭头就发现了三宝在旁边。三宝毫发无损，厨子的刀却缺了。

江老爷这边在热气腾腾的饭桌上招呼家人喝酒吃肉，他举起满杯酒却左晃右晃倒不出来，他老婆用筷子夹鸡肉，却怎么也夹不动。江老爷气呼呼地走出去，看到三宝被一群孩子围着，正往细妹碗里倒鸡肉。他就质问三宝，你在我家干活，吃我的喝我的，却让我吃顿年夜饭也不得安宁！

三宝不紧不慢，说，老爷常说要行善积德，为何到了年关却扣长工的工钱?

　　江老爷转身进屋准备拿钱，却被老婆一把拽住：明年再给吧，今年江家也困难啊，我们家的钱又不像这棵摇钱树的叶子那么多。江老爷老婆口中的摇钱树就是门前的大榕树，枝繁叶茂，叶子圆若铜钱，人称摇钱树。

　　三宝走到树下，拍了拍树身，树叶就纷纷扬扬往下掉，落叶触地叮当响，化作铜钱满地滚。三宝赶忙招呼穷人都来捡钱。大家都看得目瞪口呆，江老爷的老婆觉得不对劲，进屋打开钱箱一看，天啊，少了半箱了。三宝还在拍树，拍一下，江家钱就少一吊。江老爷和他老婆大惊失色，跪求三宝别再拍树了，最后只得答应不再克扣工人的工钱，三宝才停了下来。

摇钱树

铜制摇钱树

　　见有的穷人没有捡到钱，三宝就爬上树折树枝，每家分一枝，插在家门旁。

　　第二天是大年初一，每枝都挂满铜钱，家家喜笑颜开。只是全城大户人家的钱箱里都莫名其妙地少了很多钱。就这样，新年时候在家门插

195

摇钱树枝的习俗就在壮族乡流传下来了。

廖三宝的故事在广西流传得非常远，爷爷辈的人几乎是人尽皆知。而关于家门前插摇钱树枝的习俗，就流传得更为广远了。在四川、重庆、贵州、云南等地，大年初一，人们出门祭拜后，回家路上折上一枝松枝带回去，挂在大门上，意喻招财。

关于"摇钱树"的故事，当然不只廖三宝这一个，民间还流传着清乾隆年间，广州城北的忠义商人陈穆的故事。

一次陈穆去外地做买卖，路过树林时发现一个昏倒在路边的道士，他果断取消了做买卖的行程，让家丁抬着道士去找了最近的大夫。天黑前好不容易赶到医馆，却被告知大夫出诊去了。无奈之下，陈穆只好带着家丁和道士投宿客栈，第二天去广州城再想办法。他安排道士和自己住一个屋子，好照应。

半夜时分，道士突然醒过来，陈穆忙问他："道兄，无恙吧？"道士笑："我咋会有事，我是算到你会路过树林，故意晕倒在那里，就是为了找你单独谈谈。我有一颗摇钱树种子，打算送给你，我千挑万选才看重你，只有你才有资格拥有它。"陈穆拒绝不过，只好收下。道士交代了些关于摇钱树的事就消失了。

陈穆回到家，就把种子种在了盆里。很快，摇钱树种发芽了，待长到一人高就停下来了，树上长了椭圆形的蓝色叶子。和道士说的一模一样。

这些年陈穆的生意越来越大，依旧乐善好施，帮助过很多人，口碑极好。一晃十几年过去，陈穆老了，他就把产业交给了儿子陈杰管理。陈杰对经商很有兴趣，也是个大善人。

又一年春天，陈穆感觉自己快不行了，就告诉儿子，自己时日已不多，以后要更自立才行。随后，他告诉陈杰关于摇钱树种子的事，以后要是遇到什么困难，那棵树会解难……说完，就一命呜呼了。

陈杰并不在意那摇钱树，就让它自然生长。三十岁那年，陈杰娶了个贤惠的媳妇，两年后有了儿子。只是儿子出生后，双脚每天都在萎缩，而且越来越小，像是没有骨头。祸不单行，几年内，陈杰的当铺失火，储存的茶叶变质，运货路上被打劫……陈家慢慢就衰落了。陈杰想起了摇钱树，说不定能帮自己。但是到花园一看，那树也没任何特别之处。

一天夜里，他梦到了父亲陈穆，陈穆告诉他如何从摇钱树上摘下财宝：先剪下摇钱树的叶子，放到枕头下，隔一夜就变成了金叶子或玉叶子。陈杰照做，果真发现有金子和玉，他利用这一次的意外之财又发家了，比以前还厉害，他做的好事也随之增多。可他还是有心病，就是儿子的脚，三岁了还站不起来。妻子每天诚心供奉菩萨，却丝毫没有起色。

陈家总是一波未平一波又起。一个伙计的脚也无缘无故残疾了，比陈杰儿子的情况更恶劣，用手一摸竟然连骨头都摸不到。问其到底怎么回事，伙计也说不出个所以然，大夫也表示无能为力。

元宵节，大家都在逛庙会，陈杰也带着家人去凑热闹，他突然想起家里还有个腿忽然没了骨头的伙计，就提前赶回住宅，只听伙计痛苦地呻吟。他就拿些好吃的糕点和新衣服去安慰伙计。伙计见老爷如此对自己，就说："老爷，我做错了一件事，有天夜里我内急，去后院方便，就看到您摘了那树的树叶，然后将树叶放枕头下，第二天您就精神抖擞，突然有了财富，撑起了陈家。我贪心，我也想发横财，然而我上了瘾，一发不可收拾，再后来，我的腿就得了奇怪的病……"陈杰面带笑容说："你无须自责，我爹临终说过摇钱树会帮助我们陈家，你当然也有权动它。"

第二天，陈杰就召集了所有家丁，手握一把锋利的斧头，说了句："谢谢你，但我们缘已尽。"一斧下去，"咔"一声，摇钱树就变成两截，掉地上不见了。这时患腿病的伙计自己从房间跑出来笑道："陈穆啊，我果然没看错你呀，更值得高兴的是你儿子一点也不逊色啊。"伙计摇身变成了神采奕奕的老道，他走到陈杰面前说，陈杰啊，你儿子本来注定是站不起来的，不过嘛，凡事总有例外。老道摸了摸陈杰儿子的脚，小男童马上就活蹦乱跳起来。道士说了声该上路了，转眼就不见了。

从此以后，陈家后院长满了蓝色的椭圆形叶子的树，却无人摘取其树叶，他们根本无视那些传说中的摇钱树。对他们来说，钱财和健康快乐比起来，又算个啥呢？

无独有偶，两个传说都不仅单纯地记录了摇钱树的来历，还赋予了摇钱树更多的意义。比如廖三宝故事中，对财富的概念和扬善惩恶的朴实，以后面陈穆故事中，对待财富和快乐的态度。这些带着神话色彩的故事中，无不透着世人的淳朴。

第三节
黑虎

崇黑虎在《封神演义》中，为殷商北方侯崇侯虎的弟弟，二人尽管同出一枝，但禀性迥异。弟弟崇黑虎胸有大义，有国家、忠良，更有老百姓。但哥哥崇侯虎心中只有君王，只有自己的利益。崇侯虎听命于纣王，从不问青红皂白，只照圣旨办事。崇侯虎曾助纣为虐，起兵讨伐苏护，欲置苏护于死地。当时崇黑虎表面上前来襄助兄长，但私底下却另有目的，那就是使崇侯虎兵败，解苏护之重围，以保存双方的交情。

不料，苏护之子苏全忠逞强出战，被黑虎所擒。崇侯虎命令将叛将苏全忠推出斩首，以正国法。黑虎劝阻，说如果纣王看见妲己的貌美，赦免苏护一家，到时候岂不是得罪了苏护。崇侯虎在崇黑虎的劝说之下，将苏全忠拘禁营内，苏全忠得以幸免于难。

后来发生意外，崇黑虎虽法术高强，但未敌苏护手下将领郑伦，被擒至苏护大营。崇黑虎虽被擒，羞愧得无地自容，但是依然非常理智，没有对苏护产生恨意。

这足以证明崇黑虎的仁义与智慧。

待后来，姜子牙不愿过分使用军队，以至殃及百姓，就给崇侯虎的弟弟崇黑虎修书一封，希望得到黑虎的协助。

崇黑虎

崇黑虎把书信看了三五遍，仔细思量后，即刻断绝了对兄长的所有幻想。回到崇侯虎府邸，立刻与其割袍断义，带去见周文王。他宁可得罪于祖宗，也不得罪于天下，为万民所切齿。黑虎此举乃是大义，既维护了国家大义，也为崇氏一门留下了一支血脉。

最为恰巧的是，天官武财神赵公明坐骑也名为黑虎。

赵公明降虎传说

相传四川省峨嵋山，从报国寺往雷音寺途中，四周古木参天，绿树成荫。有一座很大的寺庙藏匿于森林之中，名叫伏虎寺。关于伏虎寺还有一段精彩的传说。

传闻以前这带的大森林中常有一头庞大凶猛的黑虎出没，而这里又是上山来往的必经之路，因此有许多人被猛虎所伤。凡是路经此地的人，总是心惊胆战。

有一天，三位年轻貌美的姑娘，要经过这片森林上峨嵋山。有好心人劝说："森林里有凶恶的猛虎，你们三位赤手空拳的姑娘，还是不要上山以免被伤害。"可是三位姑娘却淡淡一笑，毫不在意自往林中走去。

原来这三位姑娘是赵公明的妹妹：金霄、银霄、碧霄。赵公明在九老洞里修炼，三姐妹在九老洞后面的三霄洞中修炼。这天她们想到洞外游玩，便瞒着大哥偷溜下山。

现正是返程途中，她们仗着自己有几分道行，假若遇上黑虎，正好显显身手，于是不听劝告往前走去。不久走到一座桥前，只见桥旁伏着一只吊睛白额大黑虎，那黑虎一见有人走来，鬃毛直竖，大口一张，向她们扑咬过来。

金霄大姐不慌不忙，将手里的一个锦袋往猛虎面前一抖，老虎便被装进了锦袋里。孰知那黑虎力气很大，在袋里又咬又跳，没几下就咬破锦袋逃了出来。

银霄二姐速从身上拿出一条手帕，往天空一抛，手帕变成一口大钟，直朝黑虎顶上扣下，黑虎见状，机警地纵身跳上伏虎山。那钟便掉落在桥下，将地上砸出一个大坑。

二姐见手帕变成一口大钟都没能套住黑虎，顿时惊慌得脸色煞白。

碧霄忙把手里的竹篮往天上甩，金光一闪变成大铁笼，向着老虎罩下，黑虎抽身往树林一躲，铁笼被大树卡住。黑虎见三件宝物都未能降住自己，就愈加凶猛朝三姐妹扑来，三人吓得脸青嘴白。正当危急，从山上飞来一位道长，头戴紫金道冠，身穿古黄首袍，手持九节金鞭，此人正是赵公明。

黑虎见从天上飞下一个人挡路，便瞪眼竖毛，张着血盆大口，咆哮着猛扑狠咬。赵公明毫不惊慌，把金鞭一晃，即刻变成一条粗长的紫金链环缠绕在老虎身上，黑虎又惊又怒，纵身跳起数丈想挣脱环链，哪晓得越跳环链绞得越紧，它终于倒地不能动弹。赵公明随后从身上拿出一个橙黄颈圈，往黑虎颈上一套，把紫金环链解下拴在颈卷上，黑虎见环链松开，慌忙站起又想挣脱。哪知越挣颈卷箍得更紧，最后连气也透不过来，只好乖乖站在一旁，再也不敢逞凶了。

赵公明牵着黑虎对三个妹妹训道：别修炼一点本事就自傲，忘了强中尚有强中手。若非及早发现，恐已被猛虎吞吃了。三姐妹惭愧得满面通红，随同大哥一齐牵着黑虎，回九老三霄仙洞继续修炼，后来这只黑虎就成了赵公明的坐骑。

自此以后，这一带再也没有老虎出来伤人了。附近居民为了纪念赵公明收服黑虎的事迹，就在溪旁建了一座"伏虎寺"。因为那只黑虎经常蹲伏在溪上的木桥旁，人们就把这座木桥叫"虎溪桥"。

虎爷"吃炮"

古人认为老虎受土地之神管理，最早是土地公或城隍爷的座骑，后来演变成诸神的坐骑，而被山神、城隍爷等神收伏的老虎，具有神力，不但不会伤害人类、牲畜，而且还会保护人类。一般来说，虎爷并没有特别被封为主神，通常与土地公同祀。虎爷另称虎将军，自古以来，人们对自然界的崇拜除了神格化的人、植物，还有一类是我们熟知的动物类型的神祇。民间的动物信仰中，虎爷信仰是有着相当重要地位的。人们认为虎爷不但会咬鬼镇邪，也会咬钱纳财，俗言"虎爷咬钱来"。

现实世界的老虎，凶猛而具有强烈的攻击性，可谓人见人怕，敬而远之。但却因其神秘色彩与勇猛的性情，让人相信其有镇恶、辟邪的功能，甚至演变成宗教信仰，故在许多寺庙中，都会看到虎爷的踪迹，而虎爷也是很多神仙的坐骑与传令，是庙的守护者。坊间虎爷存在着两种形式，其一是黄皮黑纹的黄虎将军，另一种则是黑皮白纹的黑虎将军。基本上，黄虎将军是

黑虎将军

配置于文官庙，而黑虎将军则是配置于武官庙内。

虎爷神龛旁常摆设盛水的小碗，水中置钱无数，俗称"钱水"。据说置换钱币的金额至少需等值，而不能以小钱换大钱，收藏于红包袋或香火袋内，可以暗助生财。传说，虎爷和小孩子很有缘，常会在夜间跑去跟小朋友玩，所以有虎爷照顾的小孩子可以平安无事地长大，因此，不好养的小孩子如果带去当虎爷的义子会长得很好，许多地方便要求小孩以虎爷为义父。

据说，虎爷有驱逐瘟疫及镇护庙堂之功用，而且因为长期跟随财神爷，便学会了财神的本领，也便具有了财神的能力，只要虔诚奉祀还能招钱财。因为老虎是食肉动物，民间一般以鸡蛋及简单的生肉类加以奉祀，唯独台湾新港奉天宫将之奉于神桌之上。而新港奉天宫的虎爷相传甚为灵验，许多庙宇的虎爷皆是由新港分灵所得。有句谚语"北港妈祖，新港老虎"即在说明，北港妈祖庙很灵验，而新港则以虎爷闻名。

民间早有虎爷"吃炮"的习俗，台湾云林县北港朝天宫有着独特的虎爷神轿，于每年的农历三月十九、二十日两天，举行迎妈祖的绕境活动。在活动过程中虔诚的商家住户会将堆积如山的鞭炮放置于虎爷神轿底，来个炮声雷动，而且是三步一小炸，五步一大炸，炸得轿夫灰头土脸，并在烟雾弥漫及震耳欲聋的响炮声里，形成紧张刺激的场面，让现场围观者为之赞叹，算是虎爷信仰中最特殊的现象。他们以这种方式来恭迎妈祖神轿的到来，并感谢妈祖的庇护让信徒平安顺遂，生意兴荣，

黑虎吃炮

赚大钱，民众相信鞭炮放得越多来年的运气就会越好，所以在这两天的绕境出巡中，光是燃放掉鞭炮的费用就高达数千万元之多，让人叹为观止。虎爷临身起乩，模样像老虎般，走起路来虎虎生风，停止时也会将虎胡须，检查着每一堆虎爷轿要吃的鞭炮，有时兴奋之际，也会要求吃炮——由它独自蹲在一大堆的鞭炮上将其燃放，看过的人莫不叹为观止，接连称呼"勇喔！"，该事件也被戏称"虎爷嘛惊炸弹"。

　　在准备炸轿的时候，一人持扇领队，其余抬轿者多头戴帽子，身着厚衣、以S型的"七星步"步法蛇行前进，此刻庙方、信徒皆会高喊"虎爷吃炮"之类的口号，然后炮炸虎爷神轿。如果脚步不协调即会翻轿。神轿是由打鼓和拿扇子的人指挥，抬轿者大多为高中生以上，二十几岁的年轻人，是各地主动来北港参与的信徒，其中大部分为原籍北港的外移人口，因以前曾抬过虎爷轿，故经验老到。每年农历三月十八日就会主动回北港，在会长家虎爷轿停放的地方，领到轿班衣。由经验老到的老手带领有兴趣的新手参加。虎爷轿班穿着黄色虎纹衣，头绑黄布条，在

扮黑虎的演员

绕境行列中，虎虎生风的抬轿方式，在熊熊的炮火中威风凛凛的英姿，令人敬畏着迷。虎爷的抬轿方式及吃炮的特质，几十年来也传播到外地，成为台湾各地虎爷轿班的范本。除了农历三月十九日"北港迎妈祖"外，每年农历正月十五上元绕境，虎爷也会出轿参与绕境，后改为虎年元宵节才会出轿。

　　如今，虎爷"吃炮"成为了观光客或爱好刺激的民众不可不看的

重头戏。在2007、2008两年的庙会中，虎爷神轿接连在北港圆环吃炮，每一晚皆享受了36次的炮堆轰炸洗礼，其炮堆高度宛如一座座"小炮山"，可说创了虎爷吃炮以来最多次纪录。各地的虎爷会或有供奉虎爷的庙宇，近年来也开始效法北港虎爷的吃炮方式，并自成一格，但北港虎爷的精神及特有步法始终无法承习。也因鞭炮燃放方式不同而衍生出了多种吃炮方式。

第四节
三足蟾蜍

三足蟾蜍原有四只脚，他是天宫的一名小医官，虽身材短小，相貌平平，可心地善良，乐于助人。他精通医术，凡疑难杂症能手到病除，很受宫内的丫环使女、天兵天将喜欢。因此，也常遭那些"同行"背后的嫉妒。

却说这一年，时值春暖花开，百鸟争鸣。然而，玉皇大帝的西宫娘娘却难以出宫赏景，因为她一夜之间浑身长满了小疙瘩，奇痒难忍，苦不堪言。近身侍女禀报玉帝，玉帝忙召集宫中所有医道名士商议对策：谁要是治好了西宫娘娘的怪病，赏金千两，绸缎百匹，还加封官爵。一时众御医纷纷跃跃欲试，排队候传，都想借此扬名，弄个加官封爵，好光宗耀祖。

当御医们看到西宫娘娘浑身奇痒，十几个侍女轮流为其抓痒之时，吓得倒退三步，摇头谢罪而辞，都说这个怪病难治，弄不好还要满门抄斩。轮到蟾蜍时，已是第十三位了。西宫娘娘很不耐烦，她见蟾蜍个子矮小，相貌丑陋，未治病已添几分愁，只得叹气不止。此时，蟾蜍暗下决心，定要治好娘娘的病，以解玉帝之愁。想罢，蟾蜍落座，开始把脉，望闻问切后，已知病情根源，心中已有七分把握，此病乃春冬季节变换之故。于是便轻声问娘娘，昨夜是否去过后花园，侍女点头默许，蟾蜍心中更有十分把握。娘娘定是感染了风寒，患了皮疹，只要用一些镇静药即可。接着，蟾蜍铺纸，开药方毕，对侍女说："快去抓药，煎成汤，连服三剂即好。"又禀娘娘道："大可放心，娘娘的奇痒定当治愈。"娘娘听闻，轻轻地点了点头。

蟾蜍斗胆施方为娘娘治怪病，宫内议论纷纷，大多是为蟾蜍高兴，因为他有能力治好这怪病。但也有些人暗笑蟾蜍要大难临头了。

玉石蟾蜍

小侍女急速抓好药，煎成汤剂，刚要递给娘娘，忽听有人大喊一声："且慢！"原来是娘娘的兄长到了。他辞退左右，对娘娘轻声道："此药恐怕有诈，待兄长验过放心。"转身拿出银针试了一下后，毕恭毕敬将汤药奉上，娘娘喝下。大约半炷香后，娘娘突然大叫一声："难过煞哉！"随即浑身瘫软，倒在床边，不省人事。小侍女见状，吓得面如土色。国舅立马变了脸色，带领精兵抓住蟾蜍，说他乱开药方，毒死娘娘，居心叵测。说完未等蟾蜍辩驳便一剑挥去，砍断了蟾蜍一足。顿时，蟾蜍倒在血泊之中。

消息传到蟾蜍结拜兄弟青蛙将军耳中，心想蟾蜍此次恐怕死罪难逃了。可后来一想，蟾蜍心地善良，怎会害死娘娘？况且，蟾蜍精通医术，岂会错开药方？其中必有蹊跷。容不得多加考虑，青蛙将军披挂上马，直奔玉皇大帝宫殿。此时，玉皇大帝得知娘娘被毒死，乃蟾蜍所为，帝颜大怒，即刻朝西宫奔去。青蛙将军不顾拦君之罪，一边替蟾蜍跪拜求情，一边对玉帝发誓，在一个时辰内将此案侦破。因青蛙将军上代都是老功臣，其本身也是一个战功赫赫的大将军，故玉帝应允一个时辰后再审。

这一头玉帝见心爱的西宫娘娘中毒气绝，便怒发冲冠，下旨时辰一到便将蟾蜍处以死刑。那一边青蛙将军急速来到宫殿取证破疑，欲解救蟾蜍。当青蛙将军得知蟾蜍为娘娘看病的全过程后，还知道国舅曾插手此事，便又到国舅住宅侦查，发现疑点，取到证据。最后，终因过了时辰，蟾蜍已被处死。青蛙痛不欲生。

此时，娘娘"呜"的一声睁开了双眼，一个侧身坐了起来，四周人惊吓中大呼："娘娘长寿！玉帝万岁万岁万万岁！"同时，青蛙将军也将侦破前因后果的奏本和一只药碗呈上。玉帝一看，连声道："啊呀！朕真糊涂，屈斩蟾蜍了。"只可惜天下哪有后悔药呀！

原来，国舅也是一个出名的御医，本想出面治疗娘娘的病，又怕治不好而失面子。心想，如果不除去蟾蜍，日后宫内如何把持。故在汤药中欲加入另药，嫁祸于蟾蜍，想不到阴差阳错，在取药时，心慌意乱，竟把速效镇静药放入了汤药中。所幸药的分量极少，否则，娘娘还要"死上"三天三夜。说也神奇，蟾蜍开的药加上国舅的镇静药配伍，药力增加，把娘娘的皮疹及早治好了。那么青蛙将军又是怎样取得证据的？是青蛙将军请教了太上老君后所得。

事情真相大白，娘娘为答谢蟾蜍医术灵验、善良好心，特奏玉帝：承诺兑现，以蟾蜍原型塑一敬物，让后世人敬仰。并命上林官窑和青蛙将军负责制作敬物，日后秀才以上的官员，都以此物相赠，寓意好官永远值得怀念！但把此设计委托承办时，青蛙将军和越窑师傅为难了，这蟾蜍的原状只有三只脚了，怎么办？青蛙将军只得再禀告玉帝，玉帝接奏后，即刻答复：按原形制作。所以现在流传中的蟾蜍只有三只脚了。以后这件纪念品被定为国宝，只能由上林官窑制作，官家收藏。由于出身金贵，到后来，这敬物就被人间誉为招财进宝的三足金蟾了。

古时人们相信蟾能辟五兵，镇凶邪，助长生，是主富贵的吉祥之物。金蟾则有其特殊的形态，为三足蟾。虽然其满身的钱味，但并不显得俗气。硕大的嘴，暴突的大眼，满身的蟾钮，以及喜气洋洋的神气，平添了一缕情趣，亦寓意财源兴盛。

因为蟾蜍没有声囊，所以不会叫，故而不会露财，被商人誉为旺财、守财的福神。这种金蟾形态一般为三足、凸眼、大嘴，皮肤呈自然界蟾蜍的外观机理疣状突起，嘴里衔着一枚铜板，从腮帮左右穿过两串由辟兵缕系着的铜钱。背部刻着北斗七星，脚踏元宝或写有"招财进宝""乾隆通宝""宣统通宝"等字样的铜钱之聚宝座。金蟾嘴上衔着的铜钱有三层意思：一是天天有吃有进，只赚不赔；二是能够抓牢一切财宝，不放过任何机会；三是希望投入一枚金币，便能增加数倍的财富，寓意一本万利。目前三足金蟾中后爪的朝向不太统一，有的朝左、有的朝右。有人理解为这第三只足寓意左右逢源来进账、左右开弓去赚钱。三足金蟾是典型的中国老百姓翘首期盼富庶生活的世俗思想的载体，反映了人们渴望幸福快乐的美好心愿。

关于三足金蟾还有许多故事，其中以"刘海戏金蟾"流传最广。

传说南海龙王有个女儿叫巧姑，一日趁龙王外出的机会，变作一只金色的蟾蜍，跃出桃花溪中的白龙潭。就在小金蟾游兴正浓之际，突然一条凶恶的大蟒向她扑来，正在桃花溪下砍柴的刘海救了她。金蟾怀着真诚的感恩之情，赠送一颗龙珠给刘海，然后恋恋不舍回到龙宫。

巧姑深深地爱上了刘海。有一天她思念刘海心切，又偷偷地出了龙宫，还是变作金蟾爬上荷叶，盼望着能再次见到她的意中人刘海。事也凑巧，那一天刘海因为要伐木盖房，也来到了白龙潭边。刘海伐树累了，走到潭边喝水，忽然发现在身边有一串金钱。哎！这是谁把金钱丢在这儿了？他四顾无人，喊了几声也无人答话。刘海心里想，这钱不是我的，不义之财不能拿。于是扛起木材准备回家，谁知那串金钱竟然叮叮地响了起来，真是怪事。刘海哪里知道，这钱是金蟾暗放在他身边的，那串着金钱的丝线就在她的手里。刘海要走，她便在水下牵动丝线，使那串金钱叮叮作响。刘海感到奇怪，仔细地端详那串金钱来。不提防上次那条吞吃金蟾未成的大蟒，自树林中偷偷爬出，从背后向刘海扑来。龙女在水下看得一清二楚，急忙从水中跃出，从刘海眼前跳向他的背后，引导刘海转身发现已经扑到面前的大蟒。刘海眼疾手快，抽出砍柴刀，迎面一刀，把那条恶蟒斩作两段。

刘海见是小金蟾在危急中救了他，万分感激。又见那牵动金钱的丝线也随着金蟾上了岸，他于是爱抚地捧起金蟾，向她道谢说："小金蟾哪小金蟾，你要是一位姑娘该多么好，我们可以结为夫妻。"说罢，他轻轻地把那牵金钱的丝线系在金蟾的颈项上，牵着她在溪边玩了起来。忽然间刘海觉得手中的丝线一下沉重了起来，回头一看，大吃一惊，原来那金蟾变成了一位漂亮的姑娘，跟在身后朝他微笑。刘海忙向那姑娘说："你是什么人，怎么我牵的小金蟾不见了？""我就是那小金蟾，你不是说要同我白头偕老永不分离吗？"那姑娘羞涩地对刘海说，"从此以后，晴天有我给你烧饭，下雨有我为你补衣衫，好吗？"刘海听罢，想起了小金蟾赠他龙珠的事，明白了这姑娘的来历，真是喜出望外，连忙说："好、好！"于是，两个人收拾起柴刀，牵着牛扛起松树，高高兴兴地回了村子。从此刘海与金蟾形影不离，施济天下穷人，被世人所称诵。

玖

财神在民间

陕西周至县赵公明庙

第一节
财富封神正人心

　　财神最早出现在民间的年代和祭祀财神的习俗，已经很难从历史记录中得到线索了。而有关财神的兴起，目前从资料上可以追溯到宋代。北宋时期的节庆中就已经流行着将财神作为年画的习俗，而我国古代宋版民俗年画中，也有聚宝财库年画。

　　信仰财神的人，广泛分布于民间的各个阶层，以商人为甚。商人对财神是毕恭毕敬地供奉，近乎崇拜，他们多希望能获得更多钱财收入。

　　这种对财神的信仰形成得比较迟，究其原因，不难发现是由中国封建社会的传统："以末得利，以本守之"、"农为本，商为末"、重本抑末等重农轻商政策引起的。古时，我国是典型的农业社会，主要依赖农田，过的是靠天吃饭的日子。自然，人们关注最多也就是衣食温饱的问题了。所以，最初龙王和土地才是大家最为崇拜的神明，而财神信仰是直到南宋才普遍流行开来的。

　　宋初，经历了多年的战乱之后，民不聊生，为了发展经济，太祖赵匡胤便以"多积金，市田宅以遗子孙，歌儿舞女，以享天年"博民富。太祖之后，重视经济发展的思想一直贯穿了整个朝代。统治者的重视，为经济的迅速发展提供了一个很重要的条件；皇帝重视了，官员们又为了博得皇帝的欢颜不敢懈怠，争相研究理财求富之道——

左文官服右武将服的正财神

212

专门研究施行了不少规范经济的法令，如盐法、酒法、茶法等专卖法令。

宋代商业和手工业的兴起，使大量受俘于土地的农民得到解放。这些被解放的农民多数投入到商业和手工业中，使经济得以繁荣。在当时的有益条件下，贸易环境自是不同于以往的历朝历代。宋时期都市内的贸易地区不再由官员严格控制，商业贸易相对来说更加自由。其自由程度几何？举个事例来说明：著名文学家苏东坡就曾给一位做油食的老妇人做过一首使之生意兴隆的广告诗。

得益于如此自由宽松的商业环境，商业经济不断发展，渐兴起集镇。城市的"坊制"也有相当程度的发展，城市住宅区与商业区界限在经济的发展中逐渐消失，市民阶层也不断壮大起来。都市的规模受市民规模的影响，也发展至前所未有的规模，如开封和杭州都是达到一百万人口的城市。城市大了，从事工商业的人口在政策导向下逐步增多，商业产值加大、投入资本大幅扩充，国家财政收入的主体已不单只是农业了，工商业的比重不断增大甚至超过了农业的比重。

宋时经济法令和经济导向的积极作用，使得其经济发展十分迅速，商贸发展也很迅猛。人们对财富的追求，对财富的支配和积攒的思想也随之发展，财神就是在这个时期的商品经济发展中衍生出来的一种宗教信仰。其一出现，就在民间广泛流行起来。

而此之前出现过的"钱神"之类掌管财宝的神明，多是被民众揶揄的对象。南北宋是社会城镇经济重整变化的时期，虽时局动荡不安，但工商经济交流繁荣、人们的经商发财的意识逐渐浓厚，财神也渐渐成为被人崇拜的神明和信仰。

财神的信仰是确定了，但是担任财神爷的角色却是纷杂的，各地信仰有所不同。民间有多种财神版本，其中，以赵公明最为普遍。

赵公明，姓赵名朗，亦称玄朗，字公明，传为秦代长安（现西安）

周至县赵代村人士。据明代《封神演义》所载之财神赵公明，原在峨嵋山罗浮洞修道，因助纣攻打武王，死后被封为"金龙如意正一龙虎玄坛真君"。财神主管"迎祥纳福"事宜，统领招宝天尊、纳珍天尊、招财使者和利市仙官四个部下，人间的一切金银财宝都归财神负责。

财神是道教俗神，民间流传着多种版本的说法，月财神赵公明被奉为正财神。财神赵公元帅的塑像多为黑面浓须，头戴铁冠，手执铁鞭，身跨黑虎，因而也被称黑虎玄坛。元代成书明代略有增纂的《道藏》《搜神记》和《三教搜神大全》始有财神之称。《三教搜神大全》卷三云："赵元帅，姓赵讳公明，钟（终）南山人也。自秦时避世山中，精修至道。"后在道教神话中成为张陵修炼仙丹的守护神，玉皇授以正一玄坛元帅之职，并成为掌赏罚诉讼、保病禳灾之神，"公平买卖求财，使之宜利和合。"其羽化后葬于终南山下赵代村。月财神之下，分辅佐财帛星君和辅佑范蠡二正文财神。

民俗文化中五路财神像

财神的出现，是人们追求利润最大化的一种反映，同时也是人们对市场有效监管期望的一种"神道设教"。人们希望财富不是被少数人所操控，而是兼顾各个阶层的利益。从而期望财神能成为反映各民族、各阶层民众利益的公平正直之神。

追求自由和财富是人的天性使然。创造财富不是一个人就能完成的，而是需要多人协作。当生产力发展到一定水平后，人们就会希望有人能来保护他们的财富，没有财富的人希望变得有财富，有财富的人希望变得更有财富，至少原有的财富不会丢掉。

我国从宋代开始供奉财神，有文武财神、大小财神、五路财神等功能各异的财神。中国的文财神是指范蠡和比干两位，范蠡懂得"飞鸟尽、良弓藏"、"狡兔死、走狗烹"的道理，早早就辞官下海经商做起了盐的生意。武财神主要是赵公明和关公。关羽虽然一生是个失败者，但他为人忠义，受到了很多人的敬仰。

财神爷虽然法力无边，但财力有限，而人的欲望却是无限的。千岛湖有个财神庙，庙前写有这样一副对联："颇有几文钱，你也求，我也求，给谁是好？不做一点事，朝也拜，夕也拜，教我如何？"深刻地反映了在"人与财"的关系上，即便是号称"有求必应"的财神，其内心世界也充满着"有求难应"的困惑和无奈。

大家都知道，和"钱"相关的东西都是比较凶狠的，比如和"钱"字相关的字——"钱"的繁体字是"金"字旁边两个"戈"。金代表财富，戈是武器，意思就是两戈求金，大家拼命打架是为了求金。还有"十戈求贝"的"贼"字，为了财"贝"，也要动枪动刀。

钱是人生的一部分，没有钱不行。所以，对财富的追求，从来没有止步的一天。因此，对财神的崇拜也自然生生不息，财神由此成为中国民间普遍供奉的善神之一，每逢新年，家家户户悬挂财神像，希冀财神保佑大吉大利。

吉，象征平安；利，象征财富。人生在世既平安又有财，自然十分完美，这种真切的祈望成为人们的普遍心理——求财纳福的心理与追求。比如在中国民间最盛大的节日春节就有一项重要的民俗活动——迎财神，就是为了讨个"财神到家，越过越发"的吉利。

215

新年时，人们多会祭祀财神，边行礼边诵祝词："香红灯明，尊神驾临，体察苦难，赐富百姓。穷魔远离，财运亨通，日积月累，金满门庭。"清代俗曲则云："新正初二，大祭财神，点上香烛把酒斟，供上了公鸡猪头活鲤鱼，一家老幼行礼毕，鞭炮一响惊天地。"祭祀场面非常隆重。由此可见财神在人们心目中的地位。世人奉祀的财神，影响最大的当推赵公明。据《三教搜神大全》载，赵公明神异多能，变化无穷，能够驱雷役电，唤雨呼风，降瘟剪疟，保命解灾。故人称"元帅之功莫大焉"，认为凡买卖求财，只要对赵公明祈祷，便无不称心如意。

对财神的崇拜源于何时不可考证，但盛行祭拜财神还是始于宋代。宋朝是中国历代经济最为发达、科技创新成果最多、人口基数增长最健康、人民生活水平最高的繁荣鼎盛朝代，自然其国民文化也就十分兴旺了。

宋代的富裕程度，已经超越了之前很多朝代，同样也在历史中占有极其重要的位置。相较于其他王朝对农业的重视和对商业的抑制措施，宋朝显得格外开明，其不对商业做高压抑制，可以从宋朝之初的"多积金，市田宅以遗子孙，歌儿舞女，以享天年"等政策得到证实。

宋朝调整了历代立法中重刑法、轻民法的传统做法，还专门研究施行了专卖法等有利于经济发展的法令，并通过法令统一了国家与经济活动者之间的利益分配问题，顺应商品经济的规律。宋朝采取了正确的政策导向，于是当时商业十分兴旺——商贸、手工业等都发展得很是迅猛。宋朝采用了不少非常先进的经济管理体制，以地域而言，宋时的发展不仅仅局限于江浙和四川等老牌地区，就连山区和少数民族地区的社会经济文化，也比唐代有较大发展。

中国封建时代前期，士、农、工、商作为社会的主要成员，各自的职业是固定的，身份是凝滞的，界限是分明的。比如在汉代，四民分业不仅是一种分类方法，而且是一项严格执行的制度。《后汉书》卷三九《刘般传》说："是时下令禁民二业。(刘)般上言：'郡国以官禁民二业，至有田者不得渔捕。今滨江湖郡，率少蚕桑，民资渔采，以助口实，且以冬春闲月，不妨农事。夫渔猎之利，为田除害，有助谷食，无关二业也'。"农民在农闲时捕鱼打猎，既"不妨农事"又"无关二业"，犹在禁止之列，可见四民之间界限之森严，不能随便串门、相互涉足的。

然而，宋代在中国历史上却是个十分特殊的朝代，士农工商之间的这种界限被完全打破了。宋代的农民是些什么样的劳动者呢？时人王柏有言："今之农与古之农异。秋成之时，百逋丛身，解偿之余，储积无几，往往负贩佣工以谋朝夕之赢者，比比皆是也。"

虽宋代已经有所进步了，但当时的农民与过去的农民也并非发生了根本性变化。他们依然是活在传统的农业社会中，是基本经济构成：个体小农从来就不是纯粹的粮食生产者，男耕女织，农业和家庭纺织业紧密结合在一起。

但随着当时商品经济的发展，宋代农民的生产形式和经济构成毕竟出现了一些新的变化。在主要致力于粮食和衣类生产的同时，兼做小手工业者、小商贩、小雇工，已经不是个别的、偶发的特例，而是形成了普遍的、持续的发展势头。诸如"耕织之民，以力不足，或人于工商"之类的记载便能说明现实生活中，从事兼业的农民越来越多了，农民的经济构成变得丰富、混合、多元化

清明上河图（局部）

了，明显地出现了一个小农、小工、小商三位一体化趋势。其经济极其繁华，文化氛围浓厚，文人也大多豪放大胆，当时民间的精神娱乐活动也十分发达，风气开明。宋朝的特殊表现在两个问题上：其一是通过不流血的政变，建立了正统政权；其二是推行了中国史上罕有的重商主义经济政策。

在这样开明的政治环境下，自然会产生各种各样的思想。不可忽略的是当时政治经济环境不论多发达开明、多利于民众从事各种贸易活动，但封建社会商品经济发展终究受各种配套条件的限制。

当时弃农经商者比比皆是，多数地方的农民会选择在农闲季节蜂拥而出、杀向商场，从事贩卖小土布、贩牛或贩私盐等跨州越府的较远距离贸易。他们的经营成本包括途中的食宿盘缠在内，所以必须具备相应的资金实力。当然，农民经商的资金并非全都是自己的积蓄，向高利贷者借债应是不少农民解决资金问题的办法，由此必然增加他们的经营风险。而他们绝大多数又缺乏到较远地方经商的实力，通常是在家乡村落，或者挤出微薄的资金做一些针头线脑的小生意，或者利用简陋有限的住房开办旅店小铺，主要靠着勤劳，在狭小的空间里赚取一点蝇头小利。在这样的情况下，赚钱的愿望是极其强烈的。宋人对财神的信奉程度随着当时的经济发展和现实情况的发展与日俱增，最终形成一个具有普遍意义的民众信仰。

第二节
岁时财富天下祭

相传每年农历三月十五日是财神赵公明的诞辰日，他出生的村庄里会举办三天的财神庙会以示庆祝；而他的逝世日六月初六日，同样会举办纪念活动。

财神庙会通常会由村里德高望重的人组成的庙会筹办组织统筹安排。执事们各司其职——筹措会款、下帖请客、写戏搭台、安排祭祀礼仪、仪仗鼓乐、摊位划分、客商管理和治安维护等。

庙会上会唱三天四夜的大戏，附近的乡邻会在正会之日前来拜谒：响炮、上贡、敬香、磕头、作揖、诵经等。

各地祭祀的风俗也各有不同。自有了财神，不仅是财神出生地有祭祀活动，民间也就渐渐形成了祭拜财神的风俗习惯。

财神掌管着人间的"买卖求财"等关系温饱的财富状况，人们对财神多少有些信奉和崇拜之情。出于对财神的敬重，明朝中叶民间渐形成普遍祭祀财神赵公明的习俗。

民间有诸多关于财神的传说：宋朝蔡京富有，民间传说他是富神降生，恰又生在正月初五，所以民间把他当作财神来祭祀。后来蔡京被贬，民间就另换财神，因宋朝国姓为赵，"岚"字的一个组成部分为玄字，于是人们给财神起了一个赵玄坛的名字，再加以敬拜。

《封神演义》中有载：财神姓赵名公明，原在峨嵋山罗浮洞修道，因助纣攻打武王，败于姜子牙手下，死后被封为"金龙如意正一龙虎玄坛真君"，统领招宝天尊、纳珍天尊、招财使者和利市仙官四个部下，掌管人间财物。

而道教也同样有供奉财神之说，此财神也是赵公明。只是生平有些出入，道家的传说是：赵公明本是终南山人，自秦时就隐居深山，精修至道，功成之后，玉皇大帝封他为"正一玄坛元帅"，简称"赵玄坛"。

过去的财神还有文武之分，皆因崇文尚武之不同，所以各有所司。崇文之人供奉文财神，尚武之人则供奉武财神。文武之道虽不同，却都各有财可发。因时代和地域文化等原因，财神的身份也是一直不够确切，几经变换。但多数人供奉的财神都是头戴铁冠，一手执钢鞭，一手捧元宝，身下还跨有黑虎，被称为"黑虎玄坛"。神像黑而浓须，很是威猛，周围常画有聚宝盆、大元宝、宝珠、珊瑚之类象征财富的物什。

旧时，财神庙里和各家各户供奉着的财神，也多为这位"黑虎玄坛"赵公明。也有的地方供奉陶朱公范蠡。范蠡当财神也是有些道理的，他绝顶聪明，帮助勾践打败吴王夫差，是吴国的第一功臣。他跟勾践相处多年，十分了解勾践的个性。知道越王勾践可以共患难不能共富贵，国家光复之后，他就开小差溜了，改名换姓自称陶朱公。他有智慧，将原来积攒的财物布施出去，然后又从小生意慢慢做起，没几年又发了。他发财之后又把钱散掉，三聚三散。发财自己不享受，去帮助社会上贫苦之人，帮助需要帮助的人，所以被尊为财神，享受民众的供奉信仰。

除上所言的被尊为"正财神"的赵玄坛外，民间还有偏财神五显财神、文财神财帛星君和武财神关圣帝君的说法。

五显财神的信仰主要流行于江西德兴婺源一带，北京安定门外也有五显财神庙。有传"五显财神"生前是劫富济贫的好汉，死后仍惩恶扬善，保佑穷苦百姓。因其兄弟五人封号首字皆为"显"，故称"五显财神"。

"文财神"财帛星君，也称"增福财神"，他脸白发长，手捧一个宝盆，"招财进宝"四字由此而来。其绘像经常与"福""禄""寿"三星和喜神列在一起，合起来为福、禄、寿、财、喜。一般人家春节必悬挂此图于正厅，祈求财运和福运。

"武财神"关圣帝君即关羽关云长。传说关云长管过兵马站，长于算数，发明日清簿，而且讲信用、重义气，因此大为商家所崇祀，一般商家以关公为他们的守护神，关公同时被视为招财进宝的财神爷。

据清人顾铁卿《清嘉录》卷三记载：吴地以农历的三月十五日为赵

公明的生日，每到此日，人们都要谨加祭祀，或立庙祭祀或在家中塑像祭祀财神。

祭祀财神的活动中，以商人的祭祀最为普遍。河北《阳原县志》云："财神，各商家各供于号中。每岁正月，为财神特别祀期，如民家之祀天地然。每岁二月十八日，亦献戏酬之。"

传说正月初五是财神的生日。所以过了大年初一之后，传统年俗活动中最重要的一项就是接财神。人们多会为了讨彩，在财神生日的前一天晚上，置办酒席为其祝贺寿辰。

初五接财神时，赵玄坛是最受尊拜的一位。许多商店、住宅都供奉有他的木版印刷神像。

正月初五这天，商店开门做生意，一大早就金锣爆竹、牲醴毕陈，以迎接财神。顾铁卿《清嘉录》中引用了一首蔡云的竹枝词，描绘了苏州人在正月初五这天迎财神的情形："五日财源五日求，一年心愿一时酬；提防别处迎神早，隔夜匆匆抱路头"。"抱路头"即"迎财神"。信奉关帝圣君的商家会在正月初五早上为关公供上牲醴、鸣放爆竹、烧金纸膜拜，求关圣帝君保佑一年的财运亨通。

农历正月初五"接财神"的习俗，盛行于明清民国时期，迄今犹流传民间的唯"财神"即所谓的赵公元帅。据说早在殷商时代，财神赵公元帅就已修道成仙。在姜子牙辅佐周武王伐纣时，他跑下终南山来管闲事，帮助商纣对抗义师并阵亡，一道游魂被敕封为专管迎福纳祥的真神，麾下有四员小神供其使唤调遣。沾光于他

接财神

手下招财进宝的班底，赵公元帅随时代变迁渐变成了盼望发财者崇仰祀奉的对象。

有人说赵公元帅性情懒而散淡，一年中仅在正月初五那天走下龙虎玄坛一次，而且十分随意，并不定去往哪一家。所以大家便在此日，赶早鸣放鞭炮、焚香献牲，欲赶在前头迎接他。

不过也有人盛传这位尊神生日不是农历正月初五，而是农历七月二十二日。于是这些人并不会赶初五的热闹，而是改在"财神诞日"（农历七月二十二日）悄悄备办盛祭，指望他从后门溜进来享用。至于哪天才是财神爷真正的生日，现今是无法考证了。但有一点是我们能在一些商家食肆的铺面店堂里看到：店堂里摆放着或大或小的"财神龛"，平日电子香烛火高低明灭，店主可能忽于某日悄悄地摆上了四菜一汤，便是对其所掌握的生日信息明证了。

除了正月初五、七月二十二两个日期之外，还有一说是八月十五。据了解，农历七月二十二，是民间祭祀财神的节日，也就是俗称的"财神节"。农村比较盛行在财神节这天挂灯笼放鞭炮以祈求来年丰收的做法。

祭祀财神赵公元帅的风俗还有农历正月初一争烧头炷香的习俗。据说，如果能烧第一炷香，能给全家带来一年的好运。于是，村民们为了争到烧头炷香的机会，往往半夜即起，在寒风中伫立等候。待到鸡鸣第一声就涌进财神庙，点燃一炷香，恭恭敬敬地献给赵公明。

除了大年初一进香之外，还有每逢初一、十五进香敬奉的习俗。

对财神赵公明的信仰，不仅仅分布于大陆各个地域，还风靡于港澳台，甚至影响到邻近的东南亚地区和世界华人住地。广东潮州、汕头等地方更是家家供奉财神，而台湾也是十分信奉财神的。

人们对于财神的信奉，并不能解决财神只有一个，加上手下的四下属也只能凑成了个巴掌之数的事实。然而天下想发财的人却不胜枚举，自然就是供不应求的关系，于是便有人主动站出来想法子平衡供需矛盾，由此又生出了新的风俗——"送财神"。每逢初五之日，贫民乞丐三五结伙、戴起面具，扮成财神班底，号称"送财神"，也叫"跳财神"。

财神送到哪家，主人于是例须当场送上钱币酬谢，否则这些跳财神的人便在家门口或店铺门前闹个不停，惹得围观者哂笑。不少主人家会想，不如破费一点赶快把这班"活财神"送走完事。

送财神

穷光蛋们扮成活财神"送财神"，使得最初的抢财神由此演变成送财神的街头闹剧。虽满是讽刺意义，倒也为本就稀里糊涂的迎财神习俗增添了不少额外的情趣。近年来，结伙跳跃的"送财神"景象已经不见，取而代之的是单独行动——送财神的人拿张背面有不干胶的红纸财神画像，不声不响，正见得时进俗易、推陈出新哩。

据说，财神爷眼睛很是明亮，有钱人家供奉着显灵，而没钱的人供奉他是不会显灵的。从前的财神庙里，财神菩萨身边总有一位端庄美丽的财神娘娘陪伴，但是后来这位善良的女菩萨突然就不知去向了。关于此事，民间流传着"财神菩萨休妻"的故事：原来，是被财神爷休掉了。财神爷为什么要休妻呢？这就不得不从一个乞丐说起。

有个讨饭的叫化子穷得无路可走，路过一座古庙。进庙后，他什么菩萨都不拜，单摸到财神爷像前，倒头便拜，口里祈求财神爷赐财。赵公元帅见是一个叫化子，心想连香烛都舍不了一点，还来求财？天下那么多穷叫化子，我能接济得过来吗？可乞丐的想法正好与财神爷相反，

223

他认为财神总会救济穷人的，富人不愁吃穿，求财何用？便不住地拜。财神娘娘见他诚心膜拜便动了恻隐之心，想推醒打瞌睡的财神夫君，劝他发善心给这叫化子一点施舍。可财神爷不理睬，打了两个哈欠又闭上了眼睛。虽然是财神娘娘，可财权在夫君手上，夫君不点头，怎么好将钱赐给叫化子呢？娘娘无奈只得取下自己的耳环，扔给了叫化子。乞丐突然感到神龛上掷下一物，见是一副金耳环，知道是财神所赐，急忙磕头，连呼"叩谢财神菩萨"。财神爷闻得谢声才睁眼一看，不想却发现娘娘竟将自己当年送她的定情物送给了穷叫化子，气得大发雷霆，于是将财神娘娘赶下了佛龛。自此以后，供奉财神爷的佛龛，再也没有见过财神娘娘；因为是叫花子闹出的这么一出，于是数百年来再也没有穷人因拜了财神而发财。

又有说财神即为五路神。所谓五路，指东西南北中，意为出门五路，皆可得财。清代顾铁卿《清嘉录》中有云："正月初五日，为路头神诞辰。金锣爆竹，牲醴毕陈，以争先为利市，必早起迎之，谓之接路头。"又说："今之路头，是五祀中之行神。所谓五路，当时东西南北中耳。"五祀即祭祀户神、灶神、土神、门神、行神。所谓"路头"，即五祀中之行神。

对于财神的信仰供奉，从来都没有统一的方式，各地都有自己的信仰方式。

第三节
人间财富非常道

财神信仰与财神文化是中国民俗文化中一大重要特色。自财神一职确立以来，一千多年的时间里，财神信仰已经融入了我们的日常生活中。稍加留心一下，我们都不难发现财神的"踪迹"：贴在门框上的财神年画、商家供在正堂明亮处的财神爷金像、商场里工艺品专柜，以玉石和金银制作的三足金蟾、聚宝盆、摇钱树、文武财神像……如果说这些还不足以说明财神文化渗透入生活中方方面面的话，那么年节里，大家见面，无论相熟与否，都会互道一声："恭喜发财！"华人一年一度的盛大节日春节，丰富多彩的祭祀、恭迎财神的活动，万人空巷的财神庙会，无一不表明了国人对财神的由衷喜爱和崇拜。

无独有偶，近年来一些关心和重视中国传统文化和民俗文化的有识之士提出，财神文化和财神信仰崇拜应该纳入中国传统非物质文化遗产范围内。我们在这本书中系统综合地介绍了缘起于中国土生土长的道教，盛行于中国民间，乃至远渡重洋，闻名海外的诸位财神崇拜现象，并结合各位财神的传奇经历：经商致富，能文能武，从军报国者如正财神赵公明；忠义感天地，无心便不偏的文财神殷商皇叔比干；讲信修义，智信仁勇严的武财神关云长；居庙堂之高，定国安邦，处江湖之远，昔日名臣今朝巨贾的文财神陶朱公范蠡；因问世三百年以来，故事广为流传的神魔志怪小说《封神演义》而被人们塑造出来的五路副财神；民间创造的喜庆童子形象的海蟾祖师；源自于佛教的五色神……等等中国民间所存在的一切财神崇拜现象，都有笔墨涉及。然而，在这本书中，我们的宗旨不是要做一本供查询和考据比对的工具书，只是一本趣谈民俗文化，解读财富观、财神信仰的轻松读物。

财神团队虽然庞大，但最为人们所熟悉，影响最大，祭祀供奉最为普遍的只有那么几位，其中正财神赵公明因其史上真人有据可查的经商经历、从政经历，道家典籍大量的记载，民间艺术作品形式的再加工和广泛流传，一跃而成为中华财神之最。与此相对应，我们在本书中也对其着墨最多。

中国古代将天下民众划分为"士农工商"四个等级，掌握着货殖经济，买卖流通，互通有无，创造巨大财富的商人阶层，位于社会的最底层；作为正史二十四史中记载的也是帝王将相的言行功绩，有记叙商人事迹的，可谓是凤毛麟角。商人地位等而下之，商业文化更是主管修史的文人士大夫所不屑不齿的末流、末技。但恰恰是这不入流，却丰富了人们物质生活的衣食住行，精神生活的享受和追求。如今，稍有理智的人都不会也不能忽略商业活动在创造财富方面所起到的巨大的作用。当今社会是商品经济快速发展，物质财富极大丰富，精神财富创造活动极度活跃时期。众口相传的有这样一句话"金钱不是万能，没有金钱万万不能。"这里以代表财富的金钱来举例，说明了财富对于保障、丰富人们生活的不可或缺性。

我们强调财富的重要性，不是要鼓吹什么拜金主义，唯金钱论。一如本书开头所谈到的"君子爱财，取之以道"，我们的初衷是要树立正确的财富观，和对财神文化的理性认识。以正财神赵公明为例，他的故里在今陕西省西安周至县赵大村，早年白手起家，自主创业，从木材商做起，经商累积千金，后转而从军，官至大夫。用现代的话说，他是陕商一脉的代表人物，尤其是他最终被确立为财神的神职，更值得我们从探究陕商这个历史上极大地推动了中华文化进程的特殊群体，来推究财神文化与财富现象在当代的参考价值与借鉴意义。

《资治通鉴》有云："关中沃野富饶，乃帝王之居"，自周秦汉唐以来，历史上总计有十三个王朝先后在此建都。关中陕西一地丰富灿烂的历史积淀，帝都文化的璀璨，令陕西形成了以兵马俑为代表的历史文化、以延安为代表的革命文化、以秦腔为代表的民俗文化、以法门寺为代表的宗教文化、以黄陵祭祖为代表的祭祀文化与以华山为代表的旅游文化。在这样厚重的文化熏陶下，从明初到清末，总计500年的时间里，广泛活跃在陕西、甘肃、青海、新疆、西藏、四川、蒙古、黑龙江、贵州大半个中国领域的陕西商人，资产巨万，无所不包，川湘贩茶，江浙运布，云贵销盐，陇新鬻皮，担负起了中西部地区经济纽带的重要角色。陕商

之兴起、发展、繁盛、式微、衰落，乃至现如今又重新出现在人们视野里，引起人们探索和研究，对于我们是一个很好的例证，有助于我们剖析"人间财富非常道"的深远含义。

陕西地区，始于秦代商鞅变法以来，富国强兵，上马能打仗，下马事生产，强悍粗犷、尚武好斗的关中民风，一代又一代地传承了下来。再加上秦皇汉武的雄才大略，盛唐繁华的妆点，以陕西西安为中心，辐射整个关中地区形成了关中民众豪迈直爽的大气；明清军垦商屯，兵民合一，让陕西人的骨子里融入了刚强的烙印。

都说"陕西人是最好的战略家，却是粗糙的商人"，这句话不无道理，陕西人性子刚强，长于宏观大论，疏忽于细节；考虑问题也简单，沟通中缺乏策略、技巧，尤其是语言上的技巧，说话嘎嘣脆，以"人硬货硬话硬"自傲，抱着一种"你爱买不买"的态度，自然就没有那种长袖善舞、八面玲珑的商人和气生财的温情路线。

明清时期，陕西商人和山西商人携手垄断了中国中西部贸易达五百年之久，制造了中国西部商品经济的神话。终明一代，约200多年的时间里，陕甘宁等地的茶、布、盐、药材、皮货贸易基本上被陕商垄断。陕西商帮成为主要从事边境贸易的西部商业资本集团，对我国明清时代西

部经济的初步开发发挥过巨大的历史推动作用。明代输茶入藏的四川南路边茶贸易也操纵在陕商之手，由于他们的活动使康定由一个小山村变为"番夷总汇"的商业重地，陕西商人聚居的"陕西街"是当时康定最热闹的商业街。清朝以后，陕商向四川腹地进军，在清初百余年间几乎掌握了四川的金融命脉，并进而垄断了四川井盐生产资本总量的80%以上，以后又随着经营川盐入黔把势利扩张到云贵各处。在北部汉蒙地区陕西商人通过"布马交易"把贸易触角深入到伊克昭蒙各旗，并逐渐成为"旗地经济的实际掌握者"，依靠这一优势地位，他们又一手培植了以皮货贸易为特色的明清陕北经济。

在清代，陕商在盐、茶、布、烟、木、药、皮、杂、金融等诸多行业较之明代有了蓬勃发展，经营地域北到乌鲁木齐、伊犁，南到佛山、上海等地，无论是经营范围，还是经济实力都有了长足发展。并切实做到了顺应商品经济发展的需要，达到了陕商的辉煌繁盛时期。

随着走南闯北，周游于大半个中国的陕商的不断成功，大量货币资本流回陕西，直接推动了陕西本土商品经济的发展。清代陕西布业的骤然兴盛，就是一个很典型的例子。甚至随着陕西商人在秦巴山区的实业投资，使那里的矿冶、采伐、造纸等行业迅速发展，商品经济萌芽出现得最早。

分析陕商的独特性和其成功的原因，我们可以归纳为以下几点：

一、陕西商人身上所普遍具有的筚路蓝缕，艰苦创业，勤俭节约的精神，是其突出特点之一，也是其经商求财的根本。做生意最苦的莫过于往返奔波，异地求财的行商，其中的困难和艰辛自不在话下。有一个很典型的例子，清代早期，有一批陕西商人不辞千里，越过秦岭来到四川盆地的巴蜀天府之国，经营钱庄、字号、典当行积蓄了大笔财富。由于他们组织严密，办事严谨认真，民风简朴，十当九赎，不愿意死当，故而每年都有盈余，发展到雍正乾隆时期，他们已经成为资本雄厚的财团，几乎包揽了四川的金融大权。当时陕西商人商议想要修建一座"陕西会馆"，却遭到当地嫉妒他们成就的本地商人和土著人士的联合阻挠，说会馆能盖，但不许动用当地一捧黄土，以免当地风水遭受破坏，财气外泄。陕西商人据理力争，对方寸土不让，一怒之下，陕西商人号召同乡，回到自己的故乡西安、同州府，经千里巴蜀古道，硬是背着家乡的一口袋一口袋的黄土，在四川成都盖起了恢弘大气的陕西会馆。陕西人刚强，宁折不弯的特性可见一斑。我们前面分析了陕西人这种特性的历史根源，对他们能有这种反应也是完全能理解的。

二、陕西商人不欺不诈，随行就市，按质论价的特色，也让陕西商人在行业内享有良好的口碑。诚实经营，恪守商道的诚信精神体现了陕西商人的高瞻远瞩和坚忍不拔的稳健经营作风。陕西富平自汉代以来就有一个叫"直镇"的市镇，因其镇上出来的商人，做生意一言九鼎，从无二话的特征，在当地被称为"直镇"。取其耿直，宁折不弯之意。

三、抓住机遇，与时俱进是陕商另一可贵的特色。春秋战国时期，陕西商人抓住诸侯对商业贸易领域的自由放任机遇，纷纷经商致富，迎来陕西商人第一次的发展浪潮；隋唐时期，陕西商人抓住政府实行开明政治，对外开放的政策机遇，倚仗丝绸之利的便利，形成了第二次大发展浪潮；明清时期，陕商抓住明清政府对陕西实行"食盐开中""茶马交易""随军贸易"的政策机遇，乘势而起，成为中国历史上最早形成的商人集团，被冠以"秦晋大贾""山陕商人"的名号，强势垄断中国东西部贸易通商500多年。

紫阳茶马古道

四、不畏艰险，闯荡天涯的开拓精神是陕商屹立于中国商业史上数百年而不倒的秘笈。西部黄沙漫道、烈日炎炎；南部丛林瘴气、猛兽虺虫；北部千里冰封、天寒地冻；东部山重水远，高山大川，艰苦恶劣的环境，都不能阻挡陕西商人经商致富的脚步。他们北上南下，贱买贵卖，赚来盆满钵满，赚来财富满盈。清代道光年间，赵熙出使新疆，走到千里戈壁"一道泉"的地方，只见有一瓦屋旅舍，一问才知，老板乃是陕西三原人，年轻时随军贸易流落在此地，独自在茫茫戈壁上生活了30多年，娶有妻室，成为瀚海戈壁上唯一的一户人家，所以叫"一道泉"。茫茫戈壁，渺无人烟，尚且有陕西商人的身影，还有什么艰难险阻能令他们停下脚步呢？

从陕西商人的身上，我们看到了经商求财，致富有方的人们的共性。将这些共性升华抽象化，我们很容易在本书前面所详细论述的正财神赵公明神像图腾造型分析中找到印证。

自人类文明史上财产私有化以来，人们之间的贸易成为了普遍需求。但这一时期，财富多以实物的形式出现，诸如牛羊、大米的数量等，财富的积累以广置地，多建房为标志。这个时候的神，更多的是以农业保护神、社稷神的面目出现。直到货币的出现推动了商业贸易的发展，漫长的五千年里，商品经济虽然缓慢，但毕竟是以无可抵挡的势头向前发展。从原来的农耕文明神祇里逐渐分化出了专管商业活动和以金银珠宝等为代表的财货积累的财富之神。财神的出现，财神信仰的兴起才具备了成熟的条件。

财神崇拜现象，我们不能草率地将其归入"迷信"，历经千年风雨，财神文化备经考验，并受到华夏先民的倍加推崇，可知其是具有深厚土壤和强劲生命力的。近几年来，创业求财，财富积累一直是社会各界所关注的重大话题。在这样的背景下，我们围绕了财神文化和财富

230

观，来深入探讨了古老民俗文化与现代商品经济相结合，树立积极正确的财富观的命题。限于篇幅所制，笔者能力水平有限，不可能做到大而全，有不足和疏漏之处，还请读到此书的有缘人斧正。